혼자서도 연주하기 쉬운

스튜디오 지브리

오카리나 연주곡집

윤문선, 이희락, 현지희 공저

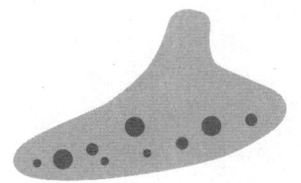

태림스코어

머리말

오카리나는 이탈리아어이며 작은 거위라는 의미를 가지고 있습니다. 새소리처럼 맑고 깨끗한 소리로 남녀노소 누구나 어려움 없이 배울 수 있는 악기입니다. 악기의 크기가 작아서 소지가 편리하여 장소에 구애받지 않고 연주할 수 있다는 장점이 있습니다.

지브리는 지브리만의 감성으로 그림과 음악이 많은 사랑을 받고 있습니다. 이 책에서는 인기 있는 지브리 곡을 선정해 오카리나로 연주할 수 있도록 음역에 맞게 편곡하였습니다. 또한 전곡 모범 연주 영상을 수록해 연습할 때 활용할 수 있도록 하였습니다.

이 책을 통해 많은 사람이 지브리의 서정적인 곡을 쉽고 재미있게 연주할 수 있게 될 것입니다. 오카리나로 지브리 곡을 아름답게 연주하고자 하는 사람들에게 이 책이 도움이 되기를 바랍니다.

끝으로 <혼자서도 연주하기 쉬운 스튜디오 지브리 오카리나 연주곡집>이 출간하기까지 도움을 주신 가족, 태림스코어 관계자분들께 감사의 말씀 드립니다.

윤문선, 이희락, 현지희

목 차

목 차

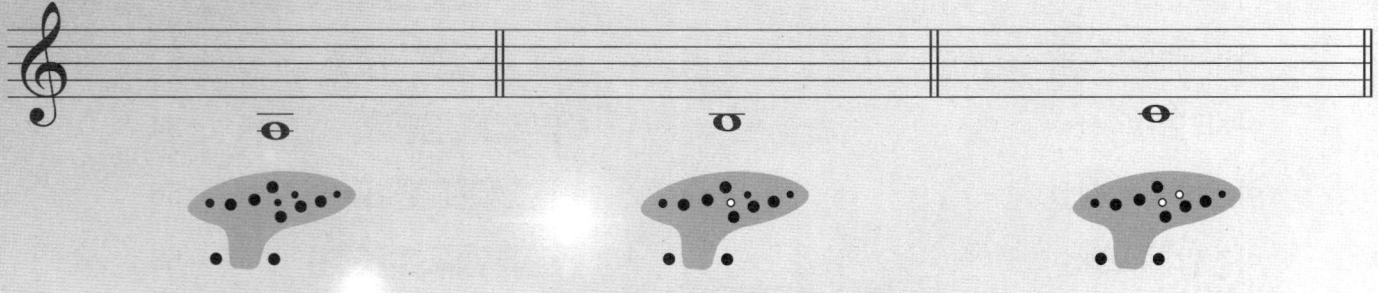

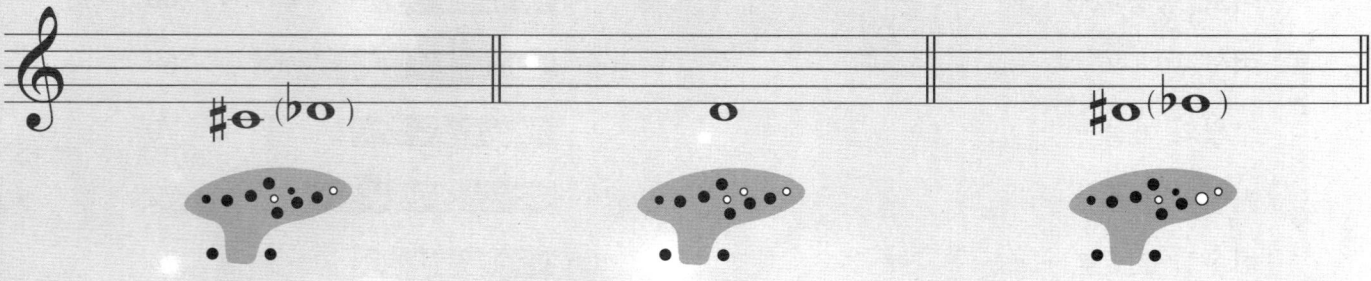

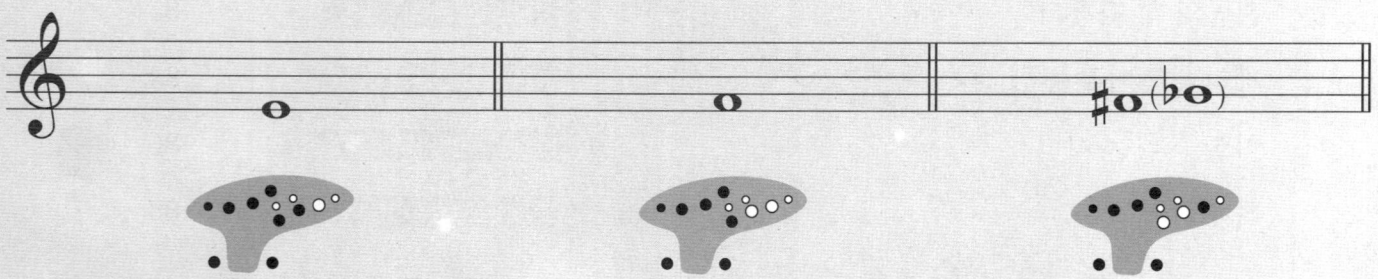

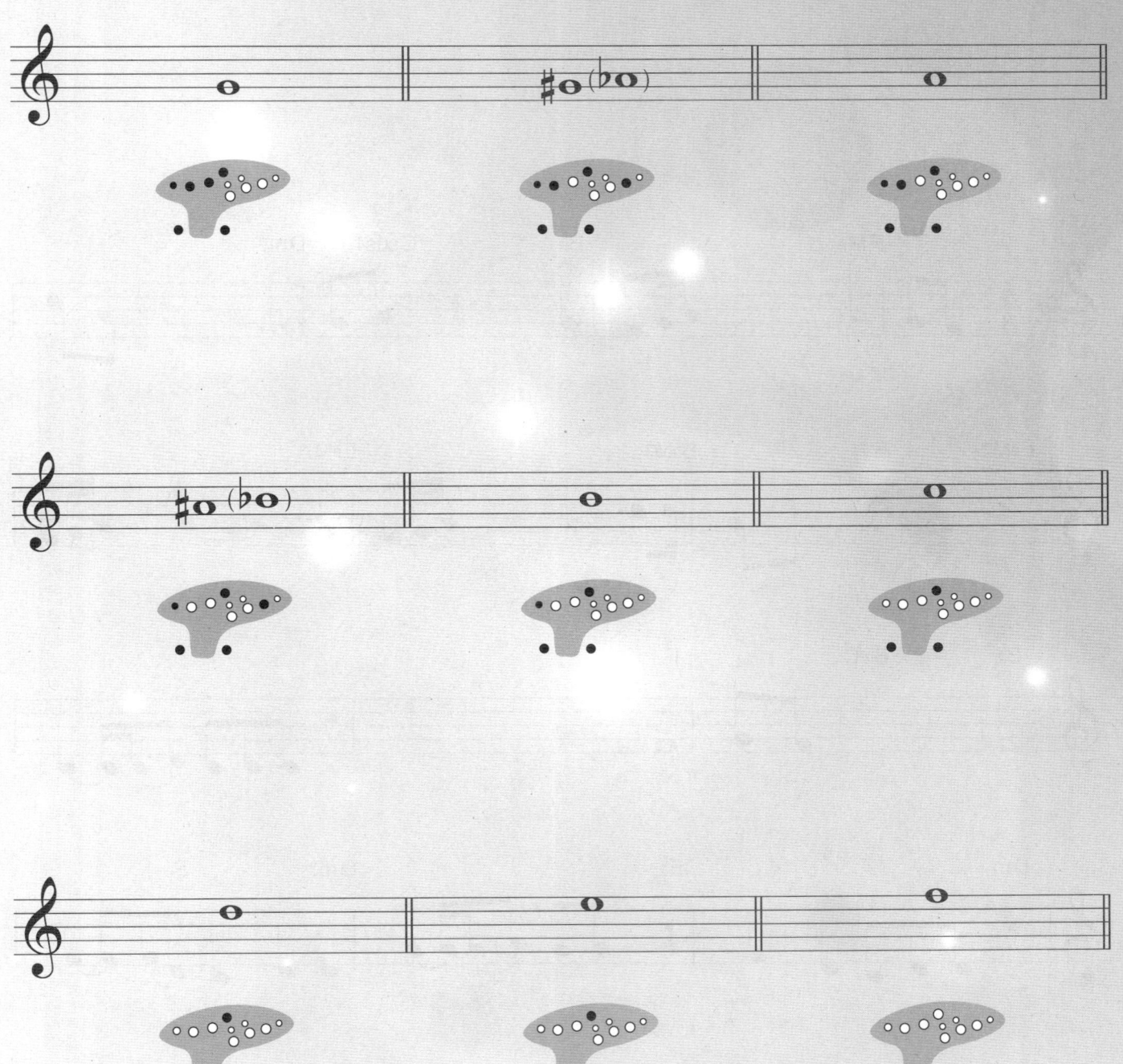

Country Road

귀를 기울이면 OST

William Thomas Danoff, John Denver, Mary Catherin Danoff 작곡

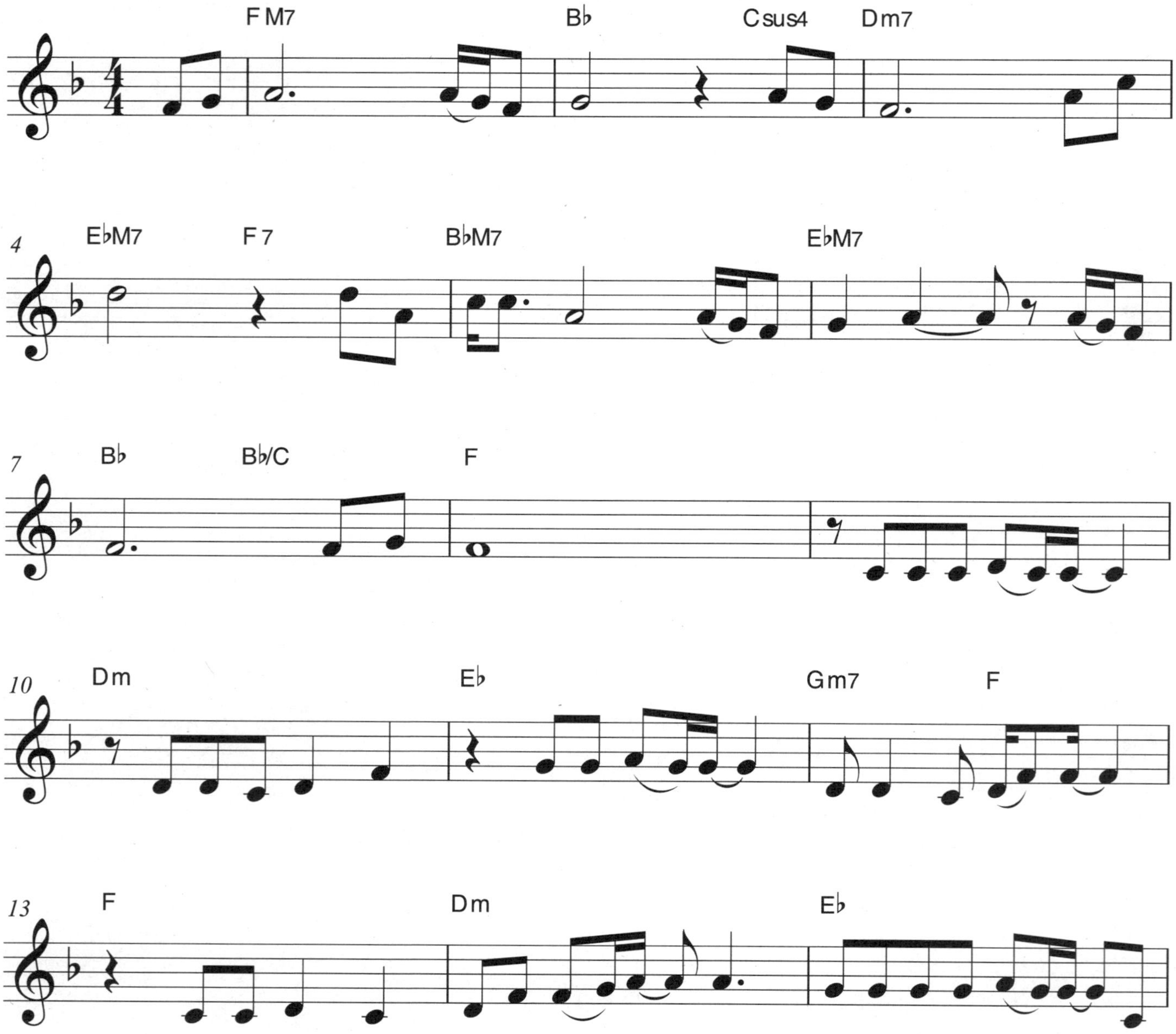

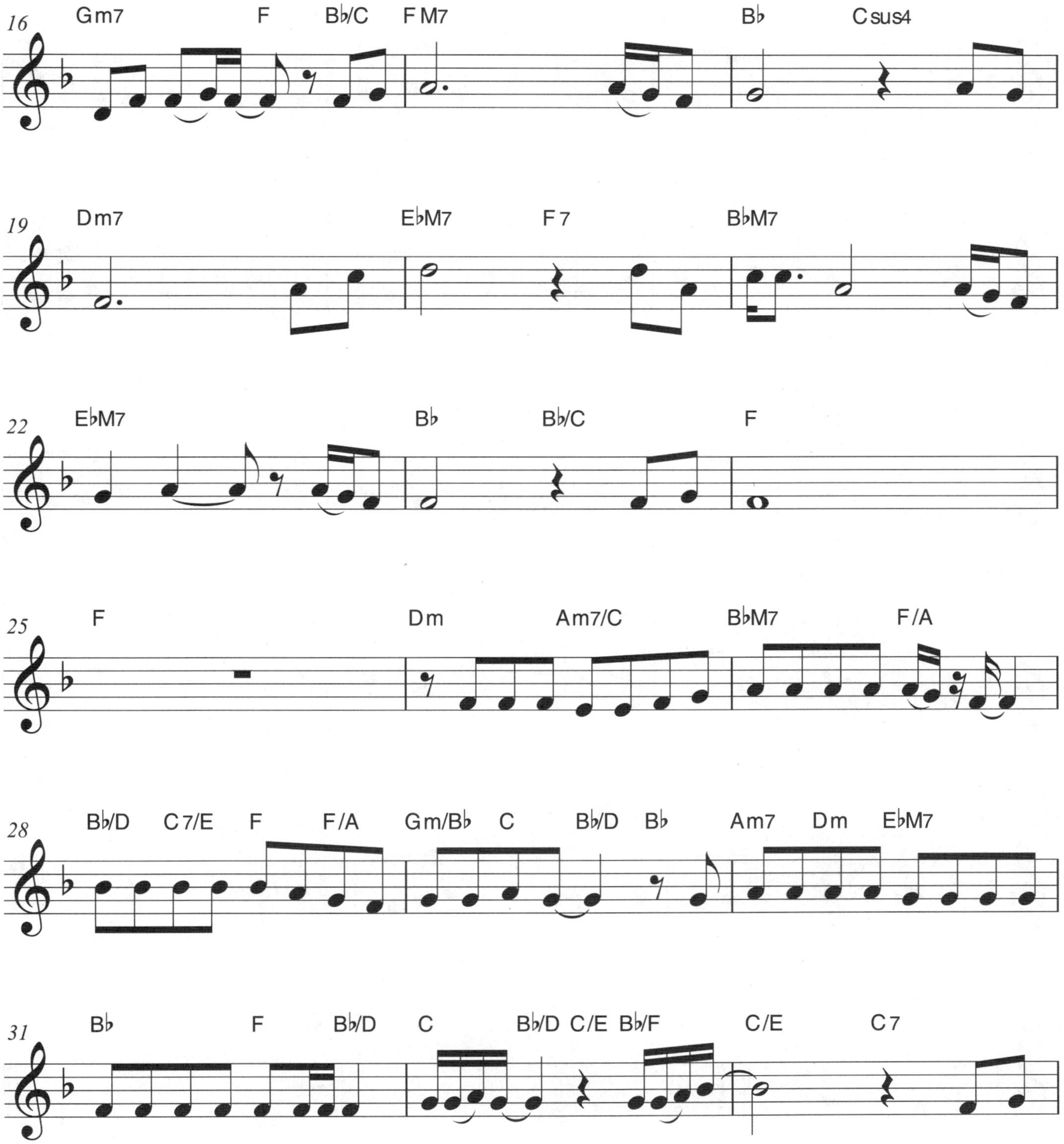
16
Gm7 F B♭/C F M7 B♭ Csus4
19
Dm7 E♭M7 F 7 B♭M7
22
E♭M7 B♭ B♭/C F
25
F Dm Am7/C B♭M7 F/A
28
B♭/D C7/E F F/A Gm/B♭ C B♭/D B♭ Am7 Dm E♭M7
31
B♭ F B♭/D C B♭/D C/E B♭/F C/E C7

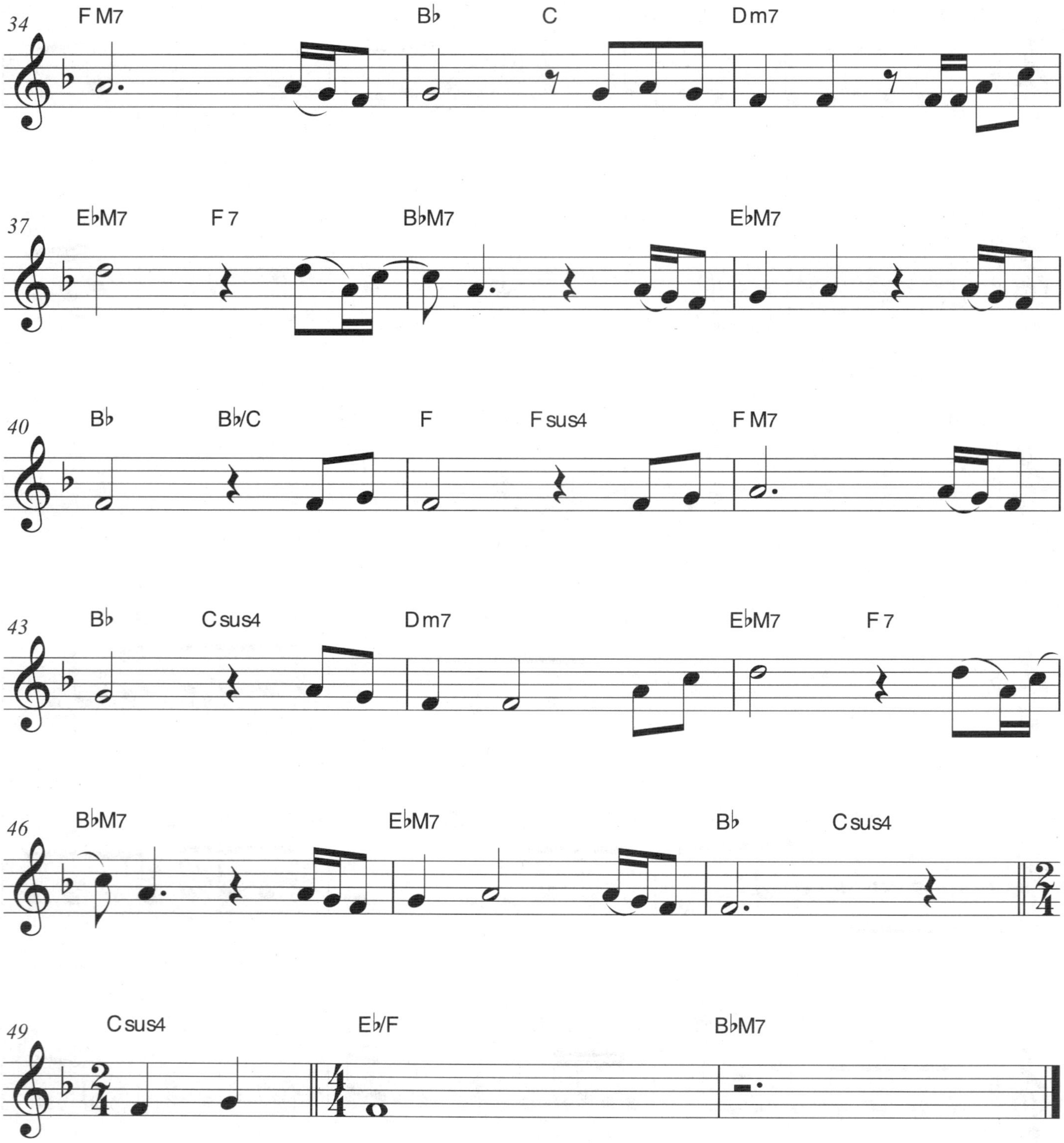
34
F M7
B♭
C
D m7
37
E♭M7
F 7
B♭M7
E♭M7
40
B♭
B♭/C
F
F sus4
F M7
43
B♭
C sus4
D m7
E♭M7
F 7
46
B♭M7
E♭M7
B♭
C sus4
49
C sus4
E♭/F
B♭M7

Fine On The Outside

추억의 마니 OST

Priscilla Ahn 작곡

반주 음원

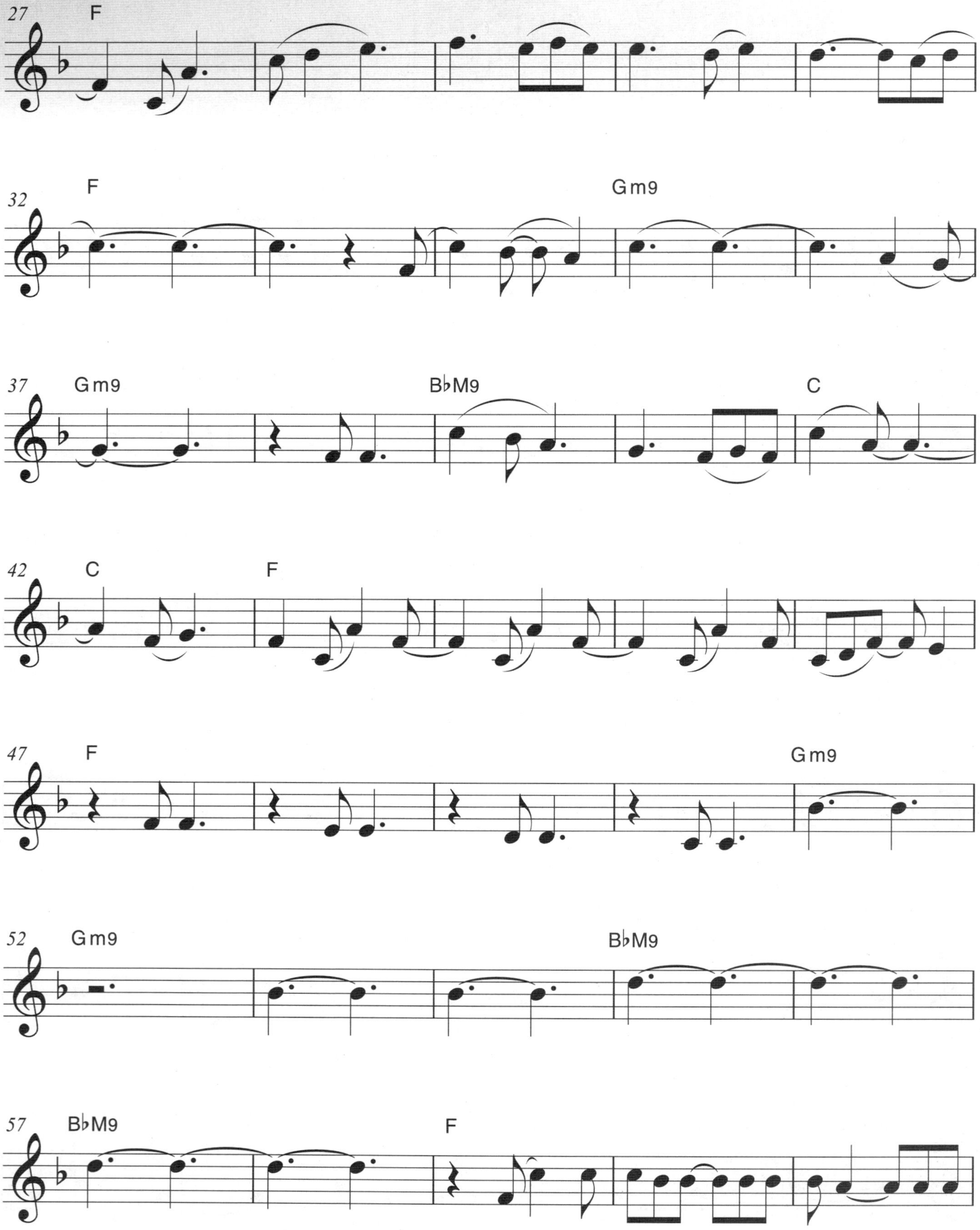
27
F
32
F
Gm9
37
Gm9
B♭M9
C
42
C
F
47
F
Gm9
52
Gm9
B♭M9
57
B♭M9
F

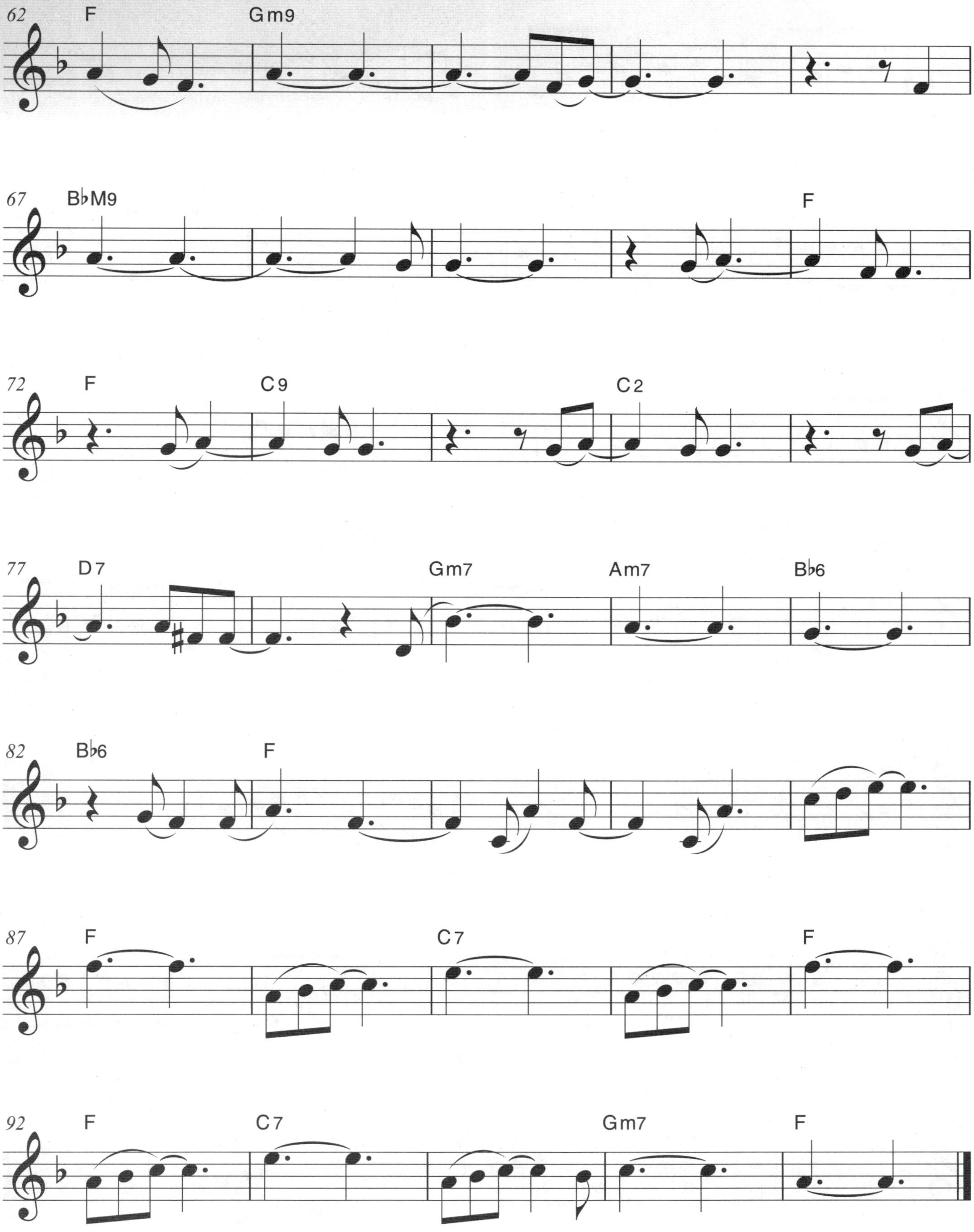
62
F
Gm9
67
B♭M9
F
72
F
C9
C2
77
D7
Gm7
Am7
B♭6
82
B♭6
F
87
F
C7
F
92
F
C7
Gm7
F

고양이 버스

이웃집 **토토로** OST
Hisaishi Joe 작곡

반주 음원

나우시카 레퀴엠

바람계곡의 나우시카 OST
Hisaishi Joe 작곡

반주 음원

너를 태우고

천공의 성 라퓨타 OST

Hisaishi Joe, Miyazaki Hayao 작곡

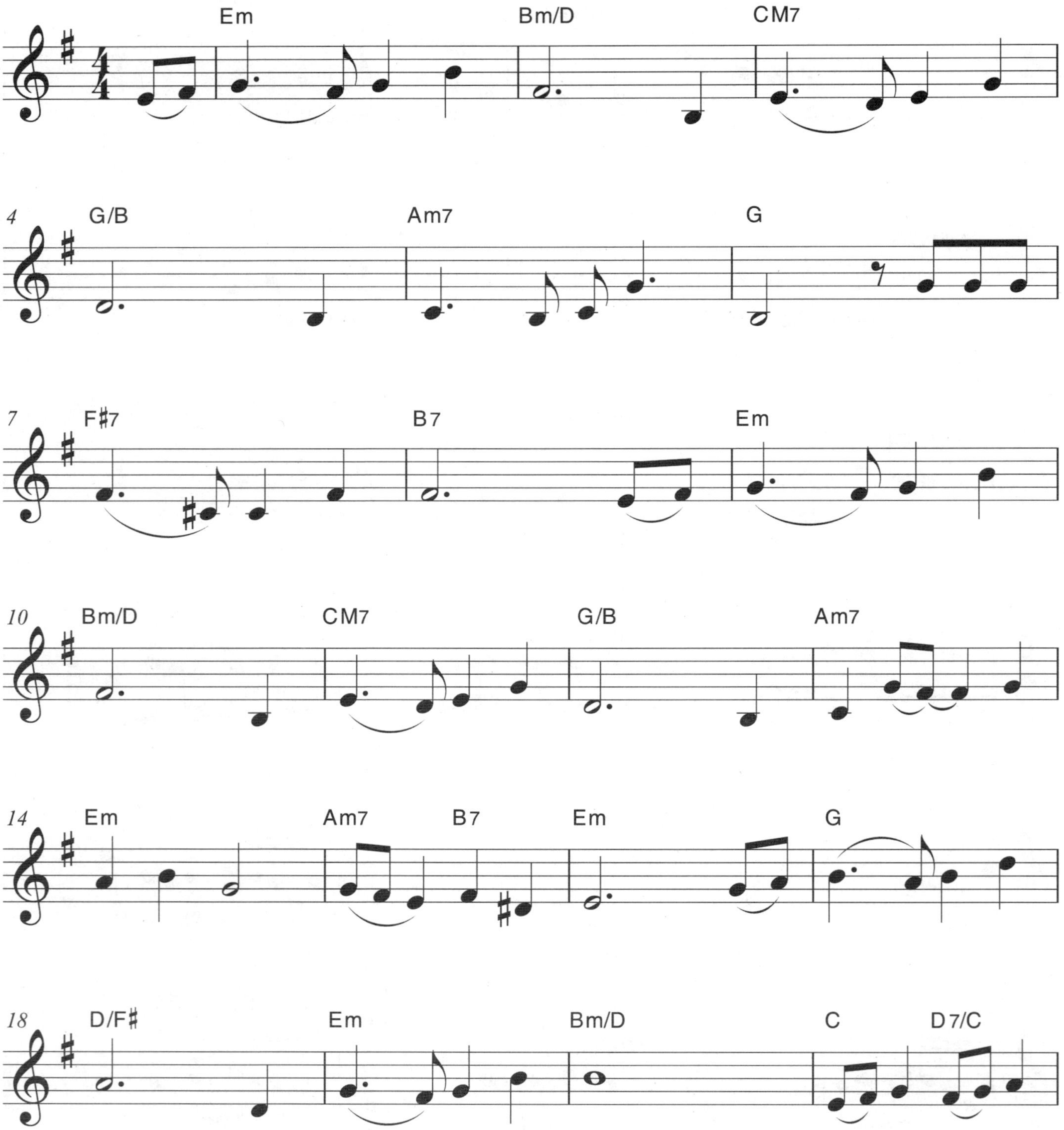

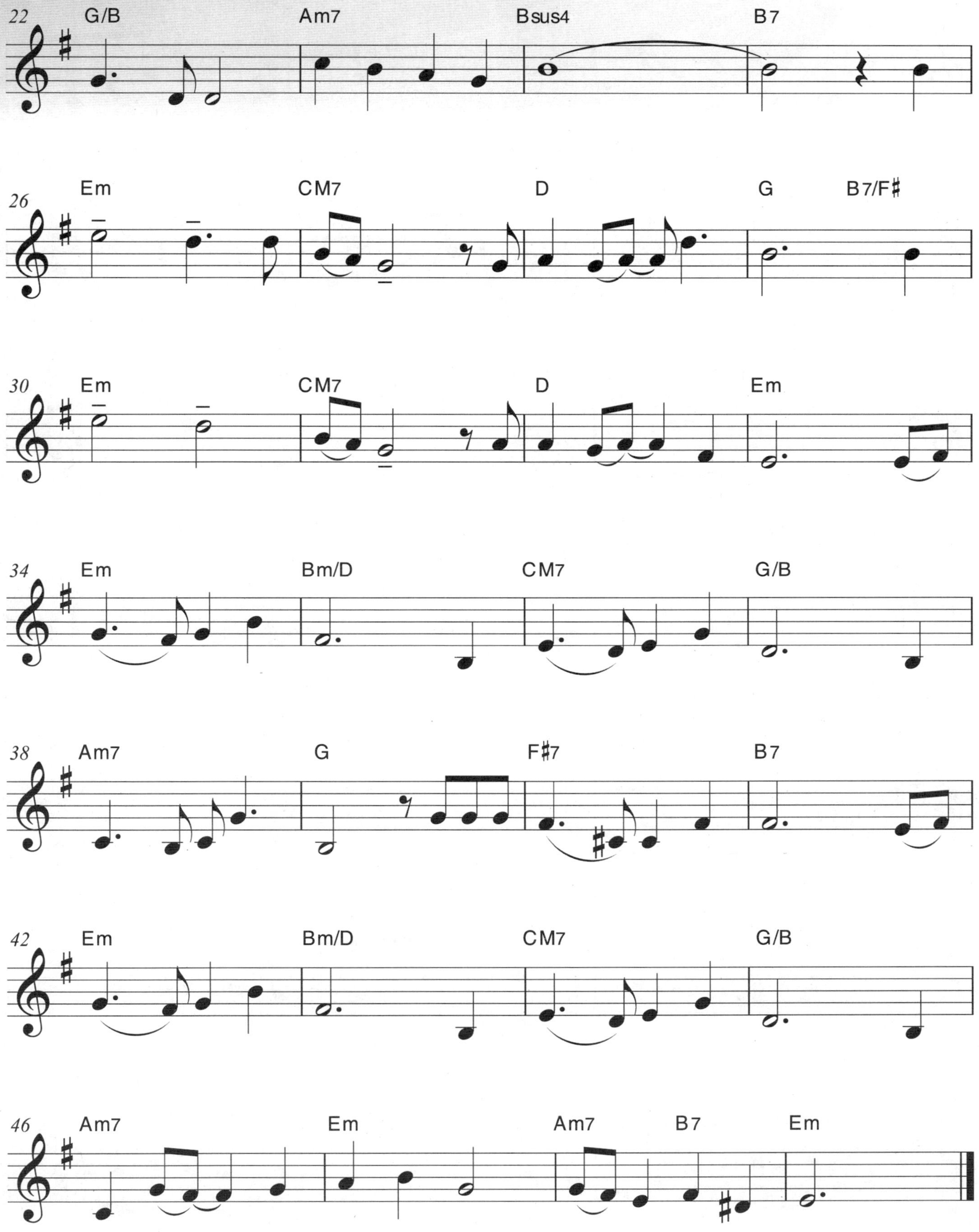
22 G/B Am7 Bsus4 B7
26 Em CM7 D G B7/F♯
30 Em CM7 D Em
34 Em Bm/D CM7 G/B
38 Am7 G F♯7 B7
42 Em Bm/D CM7 G/B
46 Am7 Em Am7 B7 Em

다정함에 감싸 안기면

마녀 배달부 키키 OST

Arai Yumi 작곡

반주 음원

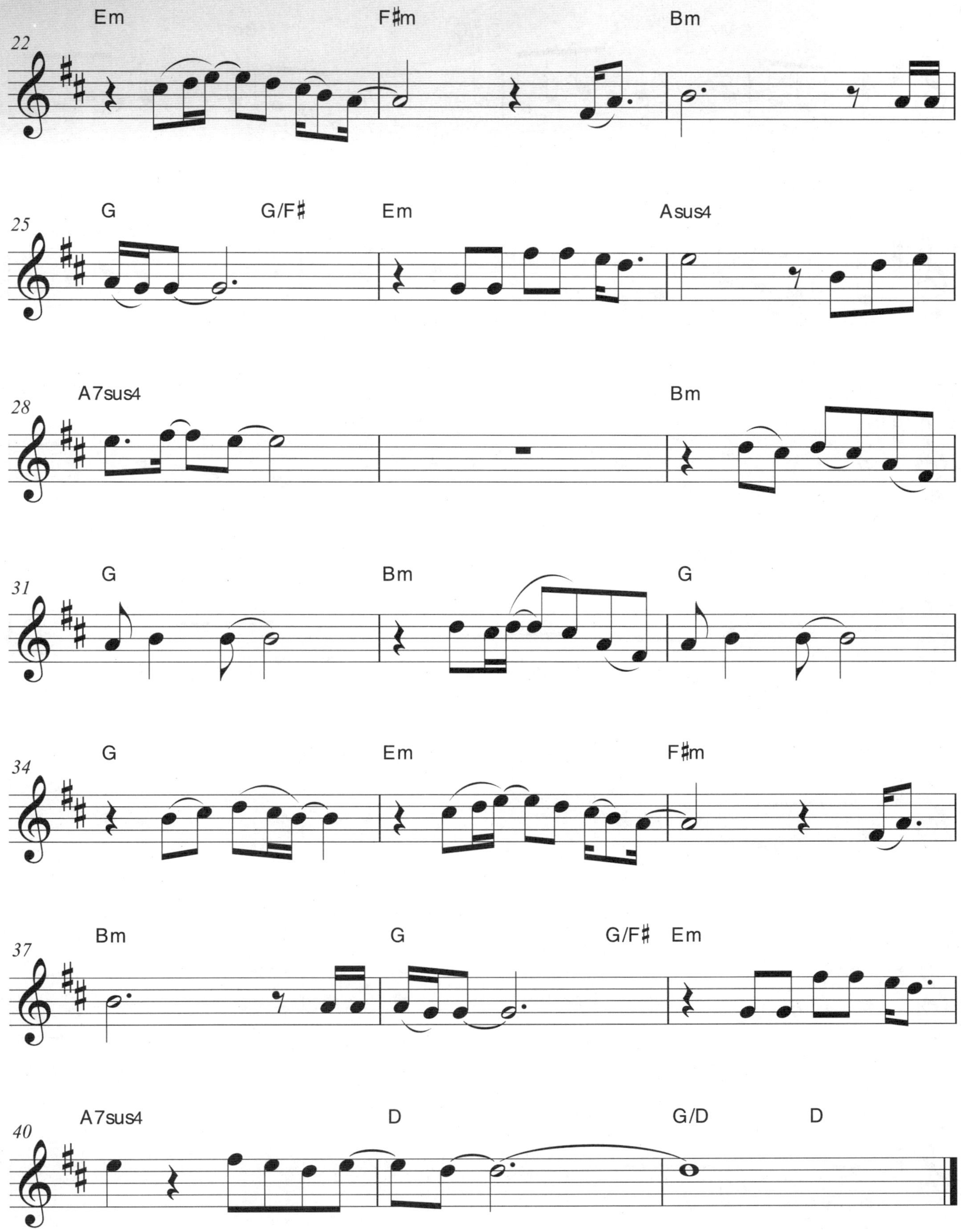
Em
F♯m
Bm
22
G
G/F♯
Em
Asus4
25
A7sus4
Bm
28
G
Bm
G
31
G
Em
F♯m
34
Bm
G
G/F♯
Em
37
A7sus4
D
G/D
D
40

돌아갈 수 없는 날들

붉은 돼지 OST
Hisaishi Joe 작곡

반주 음원

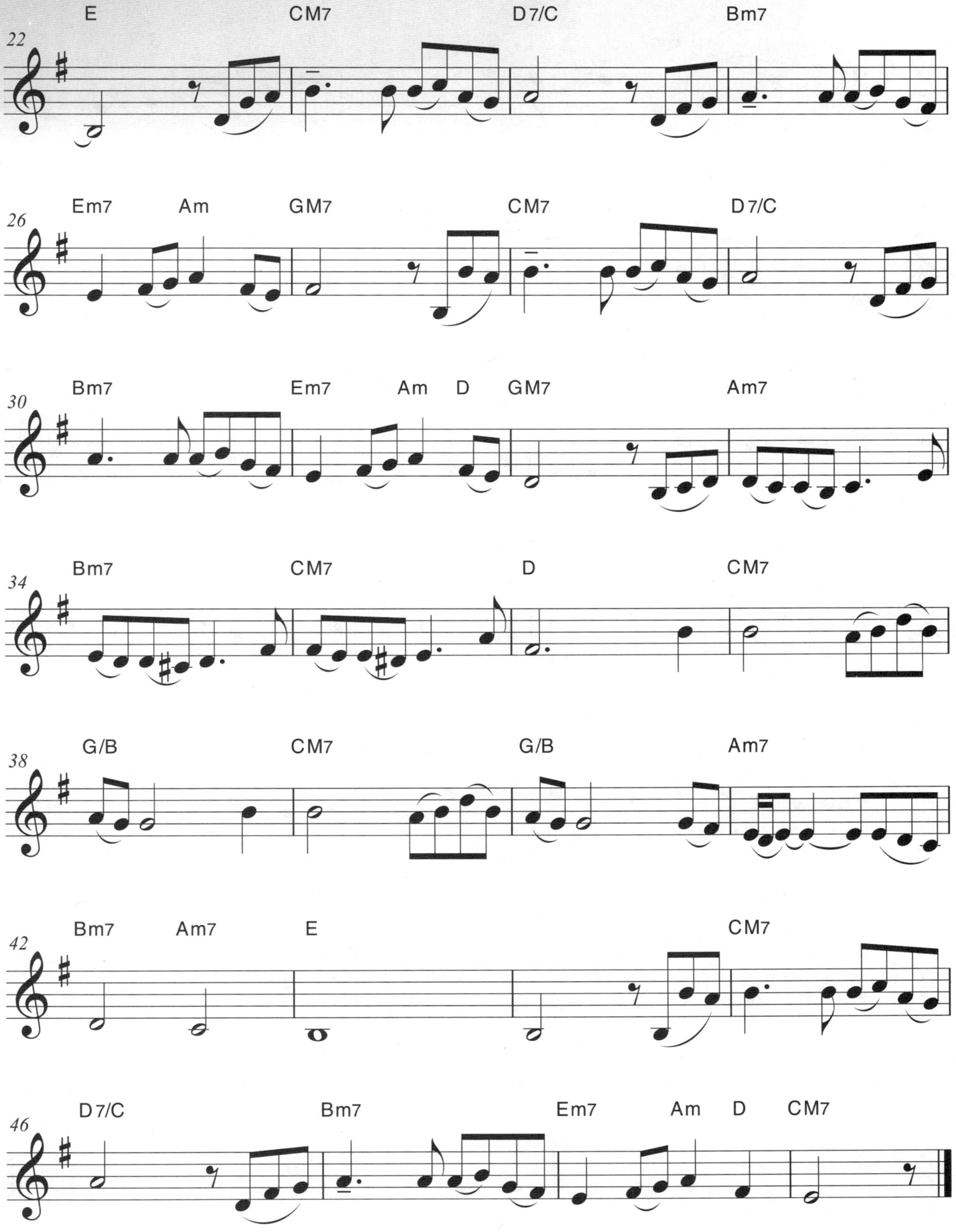
22
E
CM7
D7/C
Bm7
26
Em7
Am
GM7
CM7
D7/C
30
Bm7
Em7
Am
D
GM7
Am7
34
Bm7
CM7
D
CM7
38
G/B
CM7
G/B
Am7
42
Bm7
Am7
E
CM7
46
D7/C
Bm7
Em7
Am
D
CM7

또 다시

센과 치히로의 행방불명 OST

Hisaishi Joe 작곡

반주 음원

루즈의 전언

마녀 배달부 키키 OST
Arai Yumi 작곡

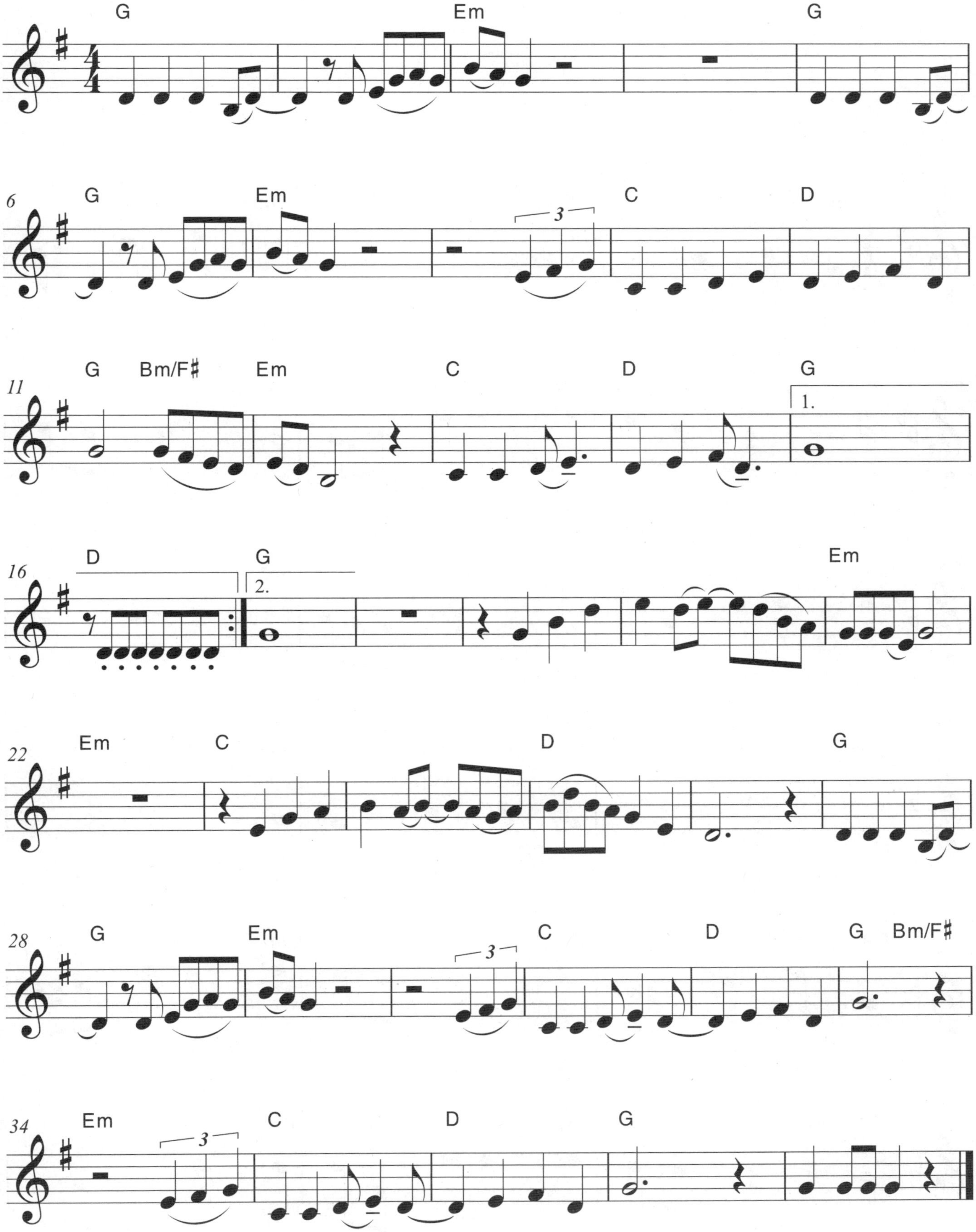

마법의 온기

마녀 배달부 키키 OST

Hisaishi Joe 작곡

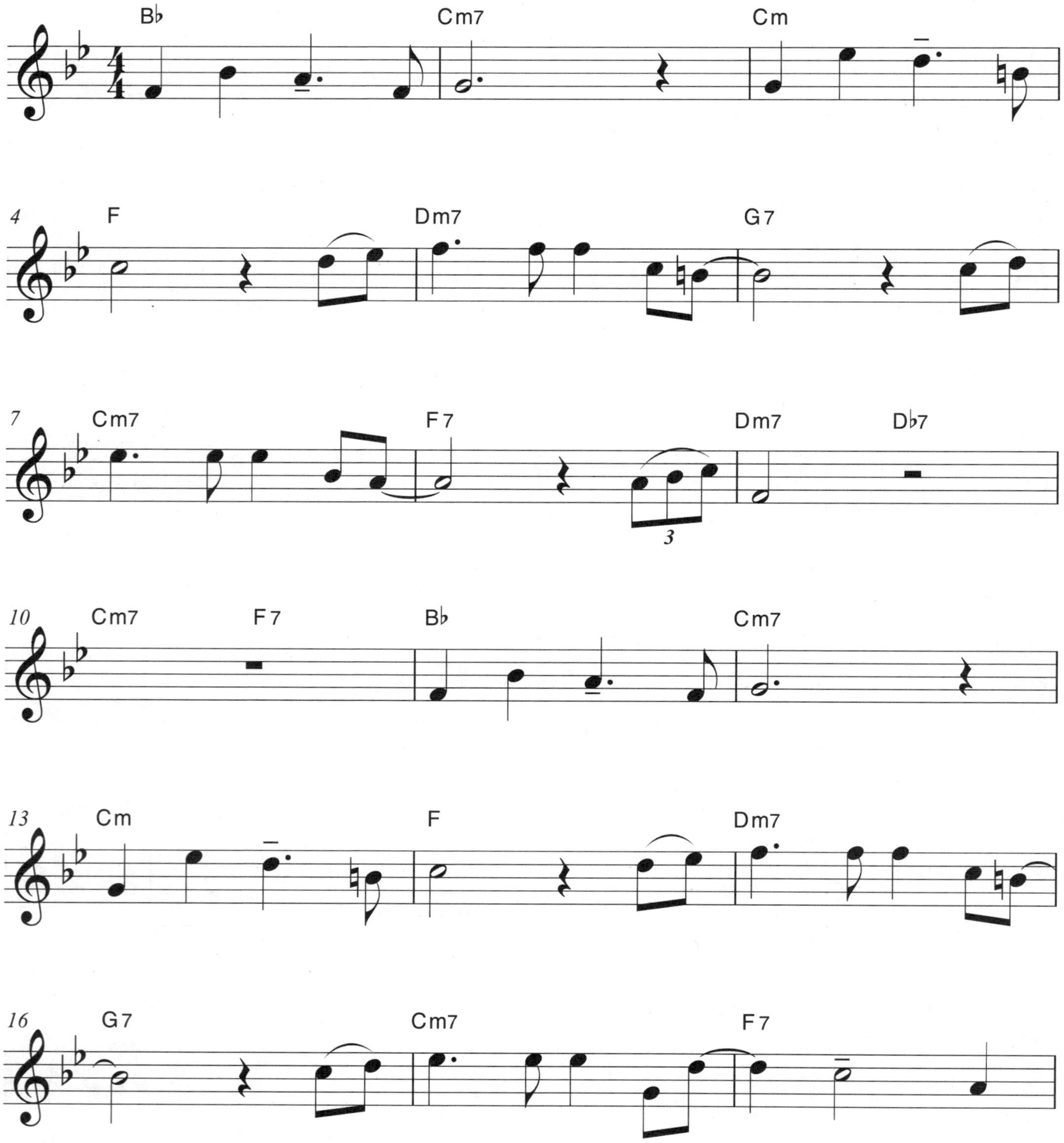

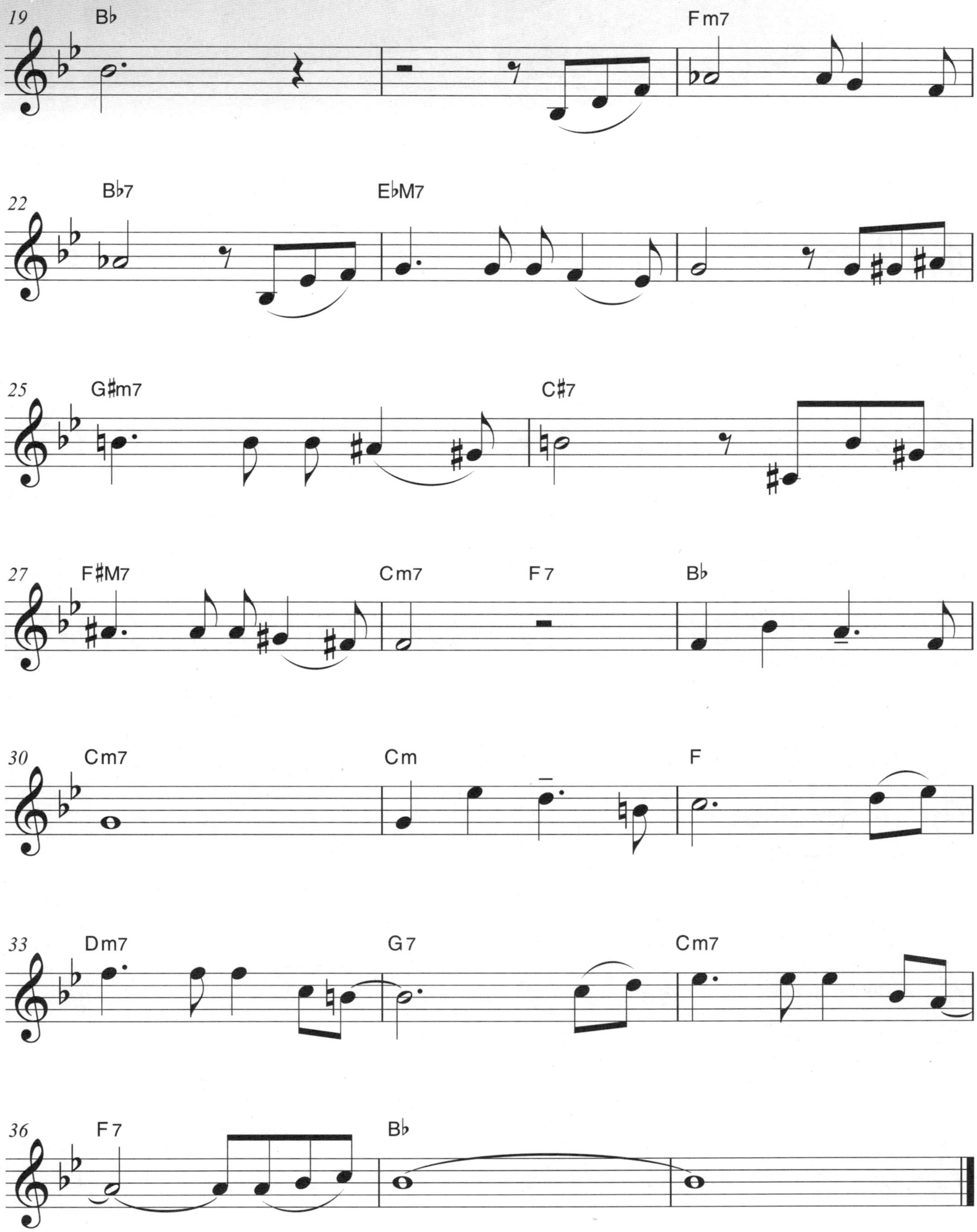
19
B♭
Fm7
22
B♭7
E♭M7
25
G♯m7
C♯7
27
F♯M7
Cm7
F7
B♭
30
Cm7
Cm
F
33
Dm7
G7
Cm7
36
F7
B♭

맑은 날에

마녀 배달부 키키 OST
Hisaishi Joe 작곡

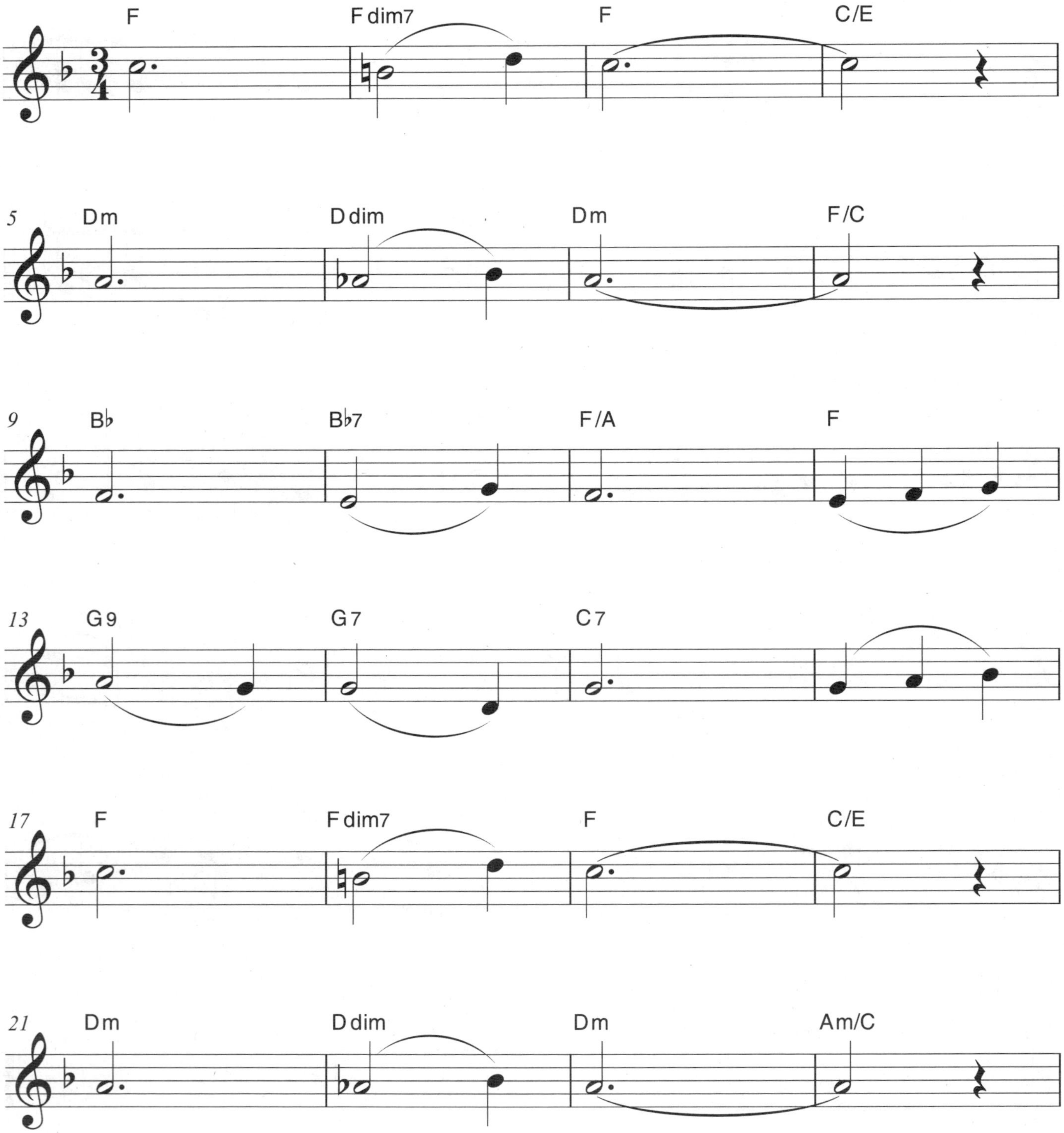

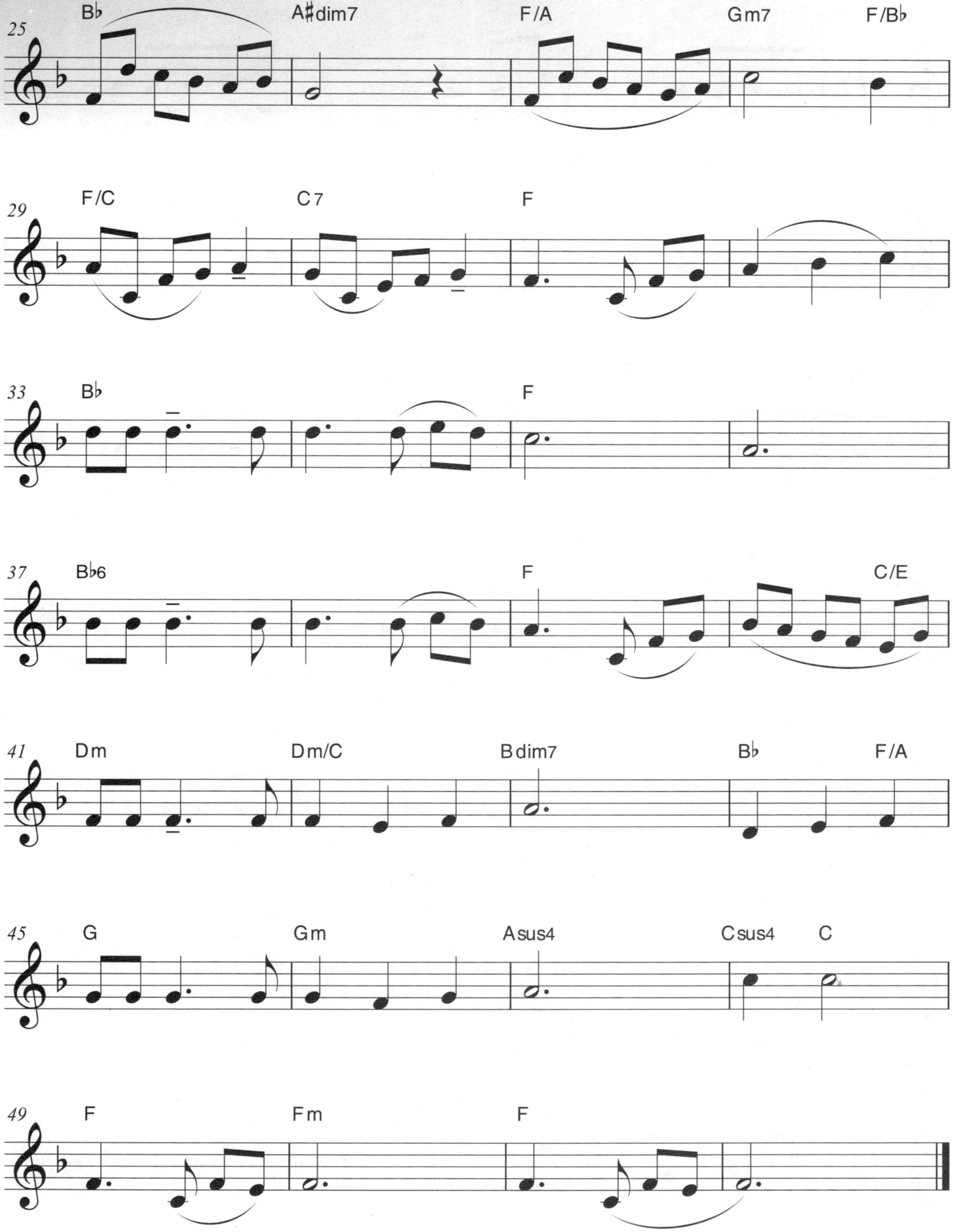
25 B♭ A♯dim7 F/A Gm7 F/B♭
29 F/C C7 F
33 B♭ F
37 B♭6 F C/E
41 Dm Dm/C Bdim7 B♭ F/A
45 G Gm Asus4 Csus4 C
49 F Fm F

모노노케 히메

모노노케 히메 OST

Miyazaki Hayao, Hisaishi Joe, Jasrac 작곡

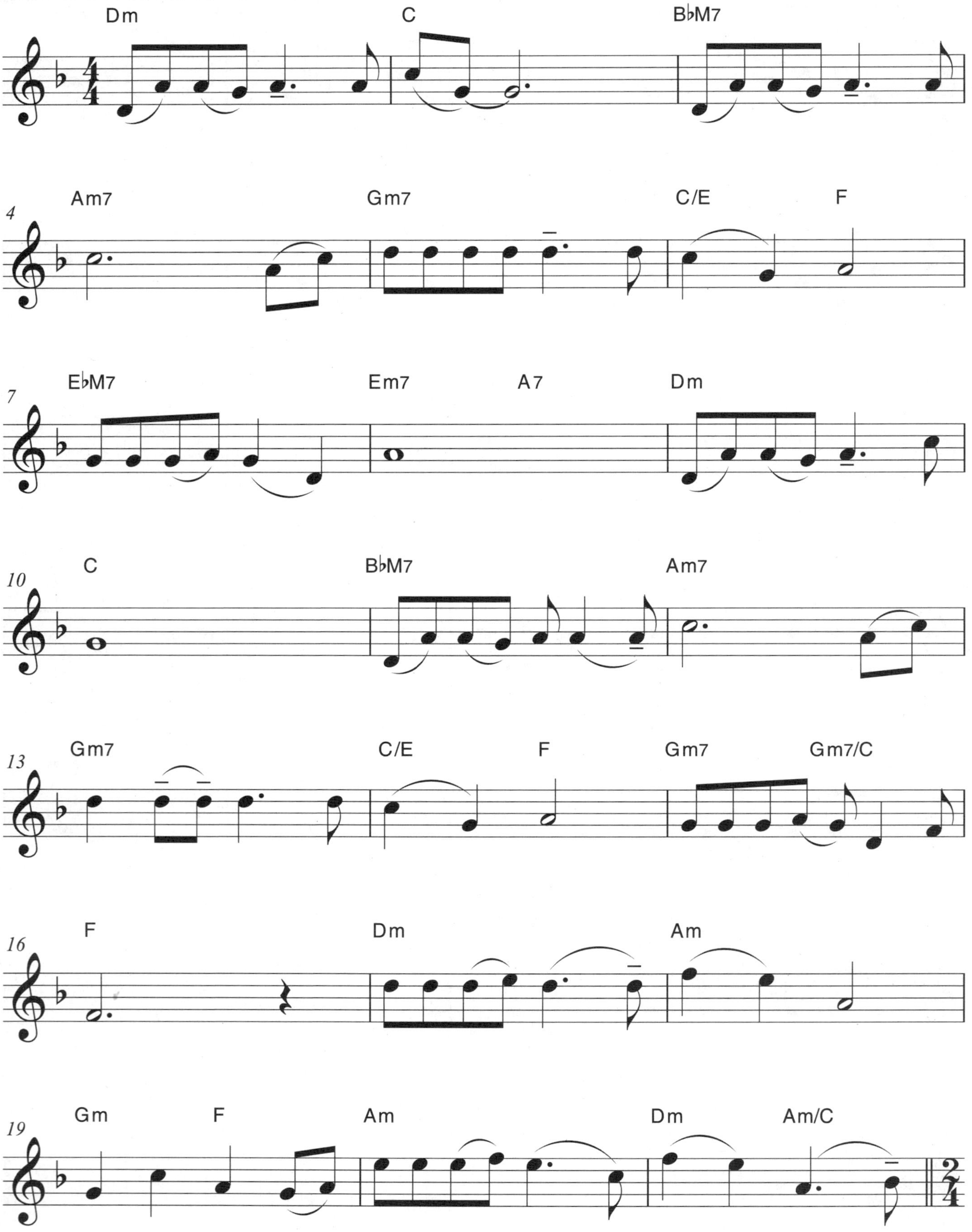

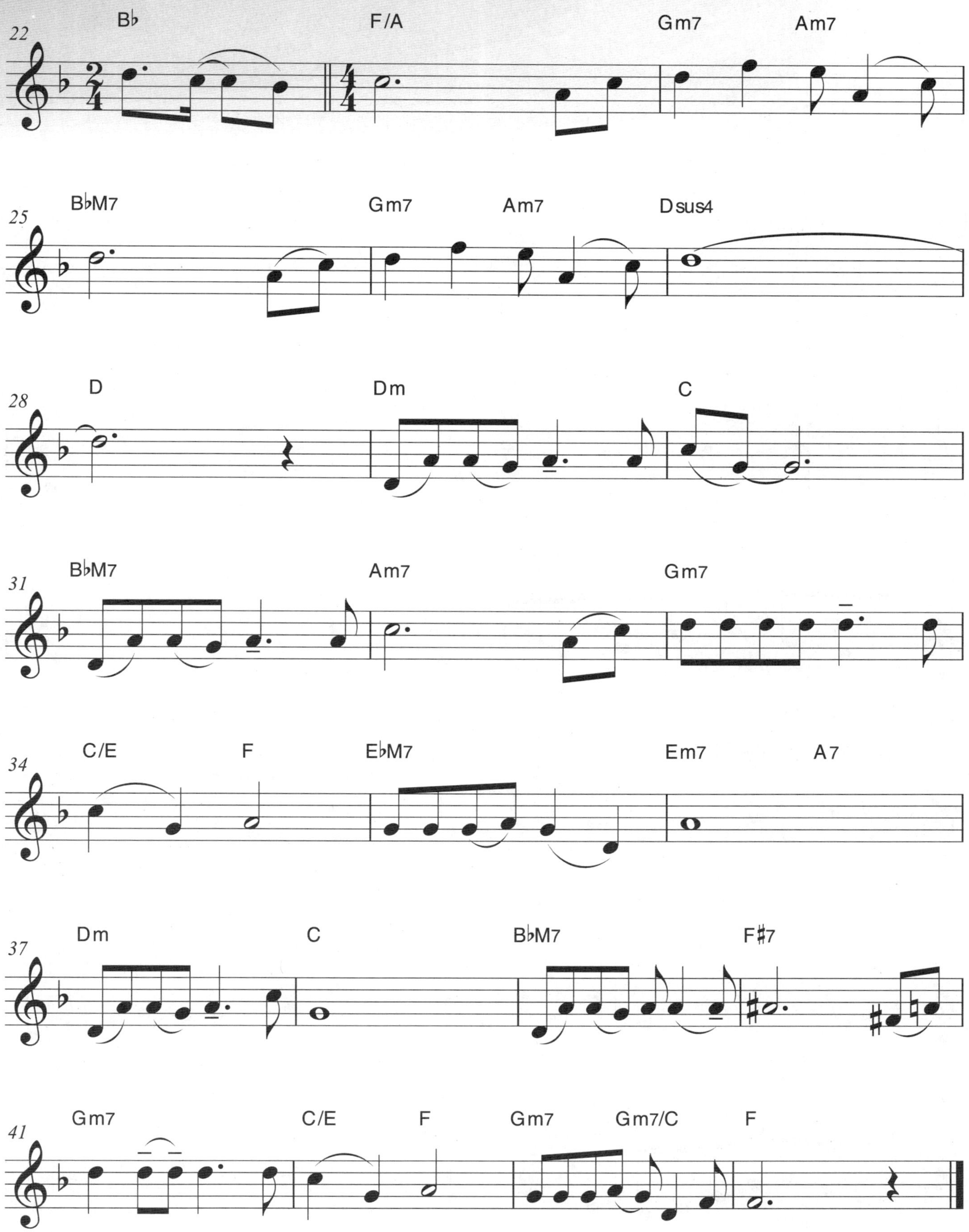
22 B♭ F/A Gm7 Am7
25 B♭M7 Gm7 Am7 Dsus4
28 D Dm C
31 B♭M7 Am7 Gm7
34 C/E F E♭M7 Em7 A7
37 Dm C B♭M7 F♯7
41 Gm7 C/E F Gm7 Gm7/C F

바다가 보이는 마을

마녀 배달부 키키 OST

Hisaishi Joe 작곡

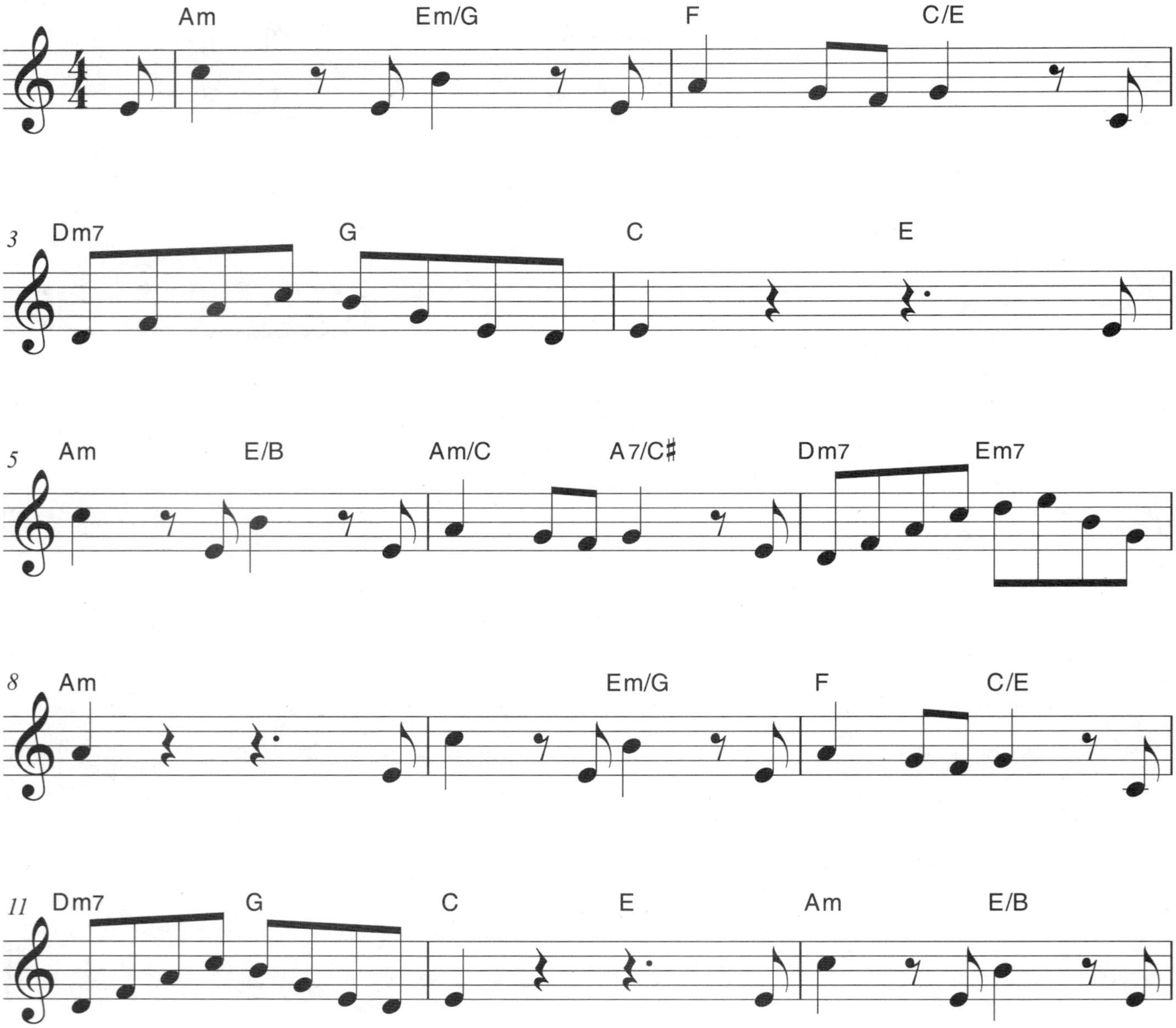

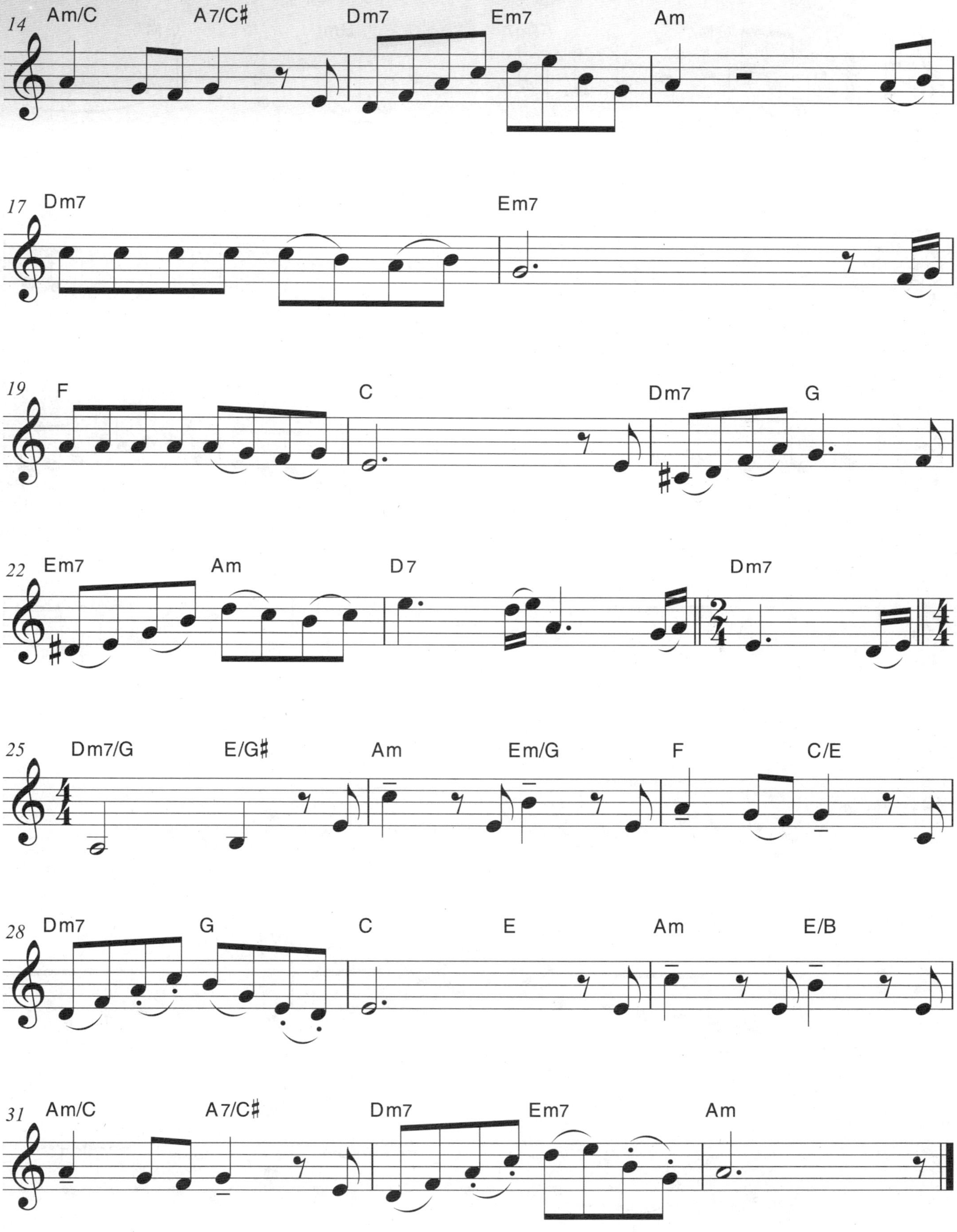
14 Am/C A7/C♯ Dm7 Em7 Am
17 Dm7 Em7
19 F C Dm7 G
22 Em7 Am D7 Dm7
25 Dm7/G E/G♯ Am Em/G F C/E
28 Dm7 G C E Am E/B
31 Am/C A7/C♯ Dm7 Em7 Am

바람이 되어

고양이의 보은 OST

Tsuji Ayano, Jasrac 작곡

반주 음원

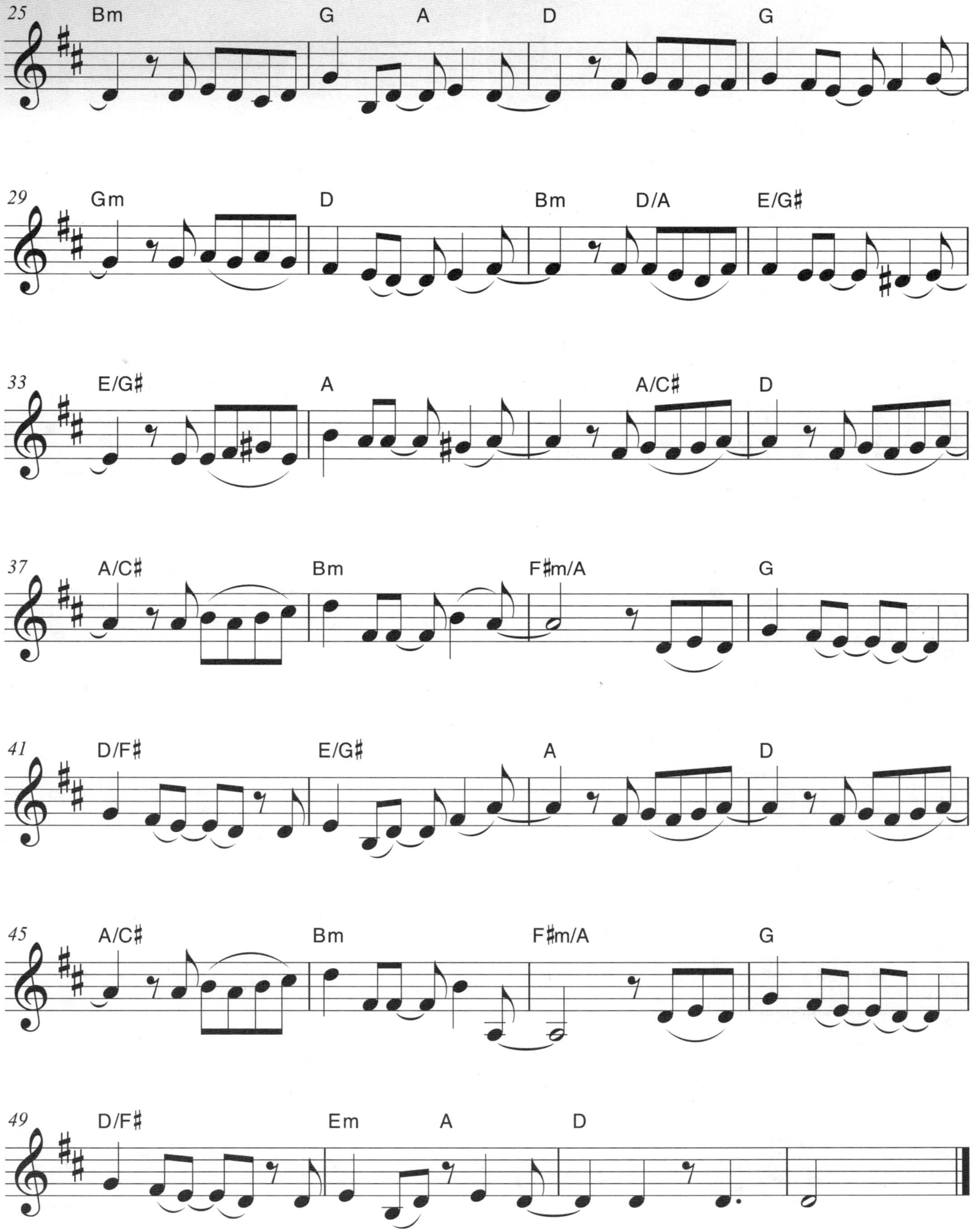
25 Bm G A D G
29 Gm D Bm D/A E/G♯
33 E/G♯ A A/C♯ D
37 A/C♯ Bm F♯m/A G
41 D/F♯ E/G♯ A D
45 A/C♯ Bm F♯m/A G
49 D/F♯ Em A D

바람이 지나가는 길

이웃집 토토로 OST
Hisaishi Joe 작곡

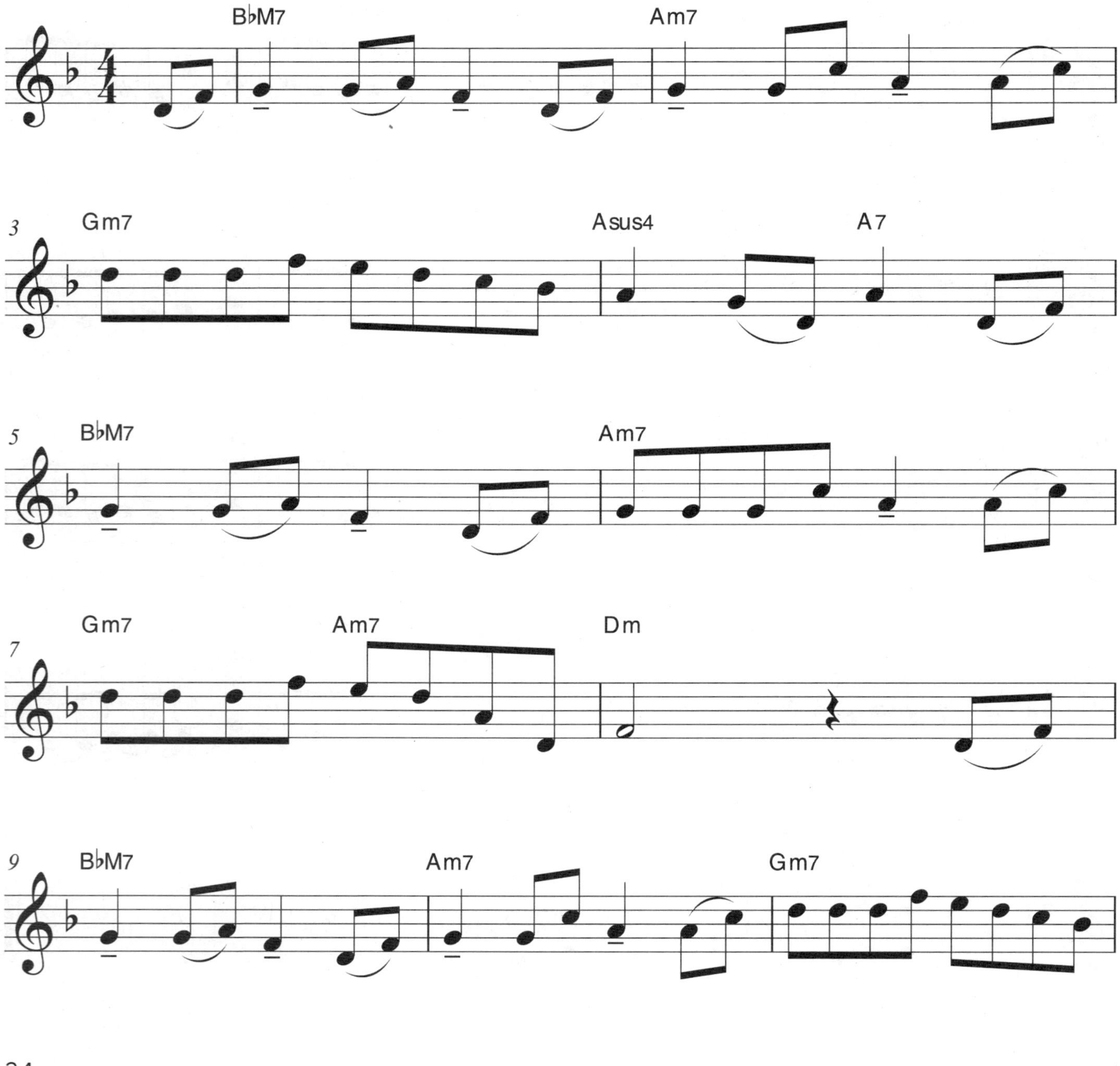

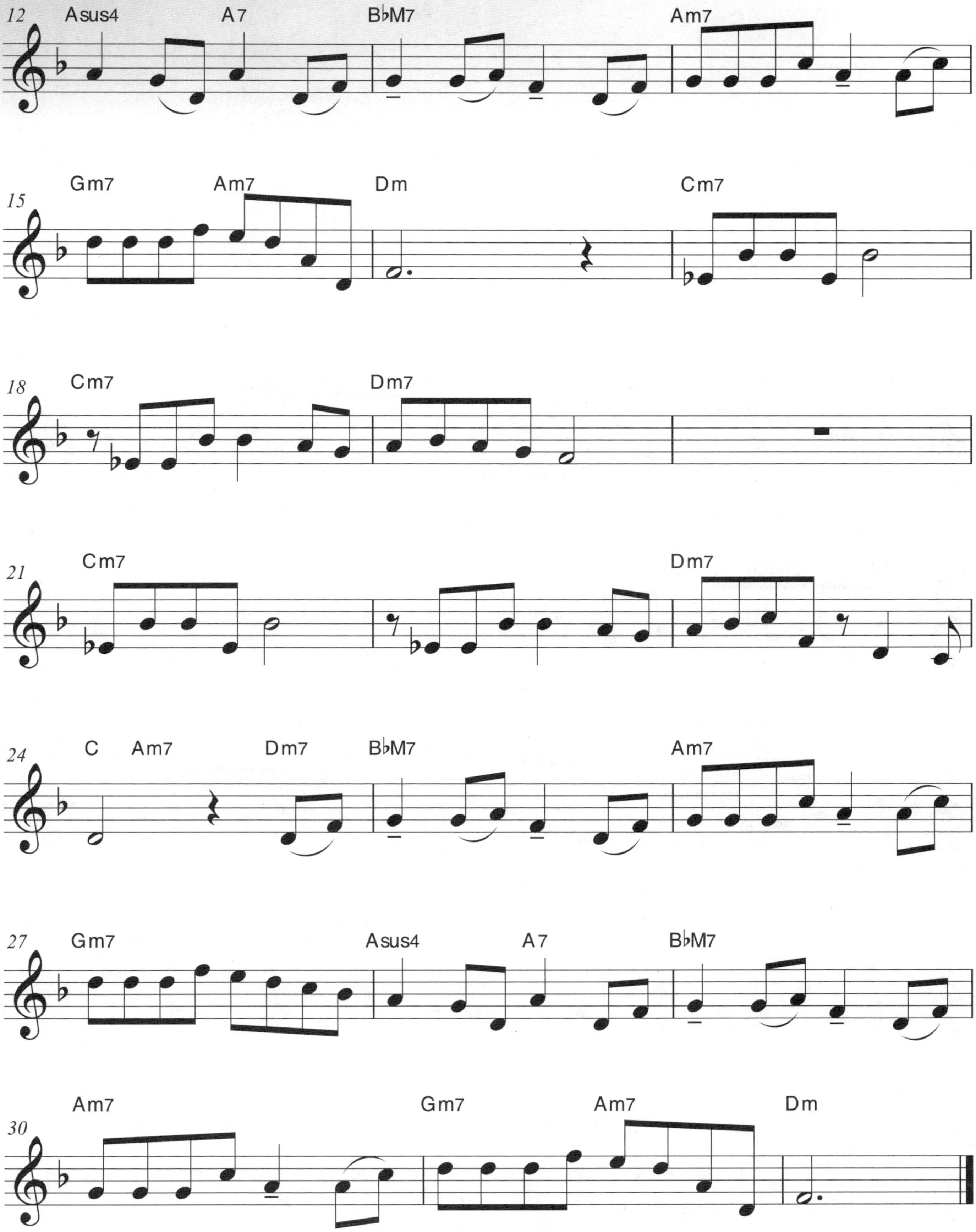
12 Asus4 A7 B♭M7 Am7
15 Gm7 Am7 Dm Cm7
18 Cm7 Dm7
21 Cm7 Dm7
24 C Am7 Dm7 B♭M7 Am7
27 Gm7 Asus4 A7 B♭M7
30 Am7 Gm7 Am7 Dm

벼랑 위의 포뇨

벼랑 위의 포뇨 OST
Hisaishi Joe 작곡

반주 음원

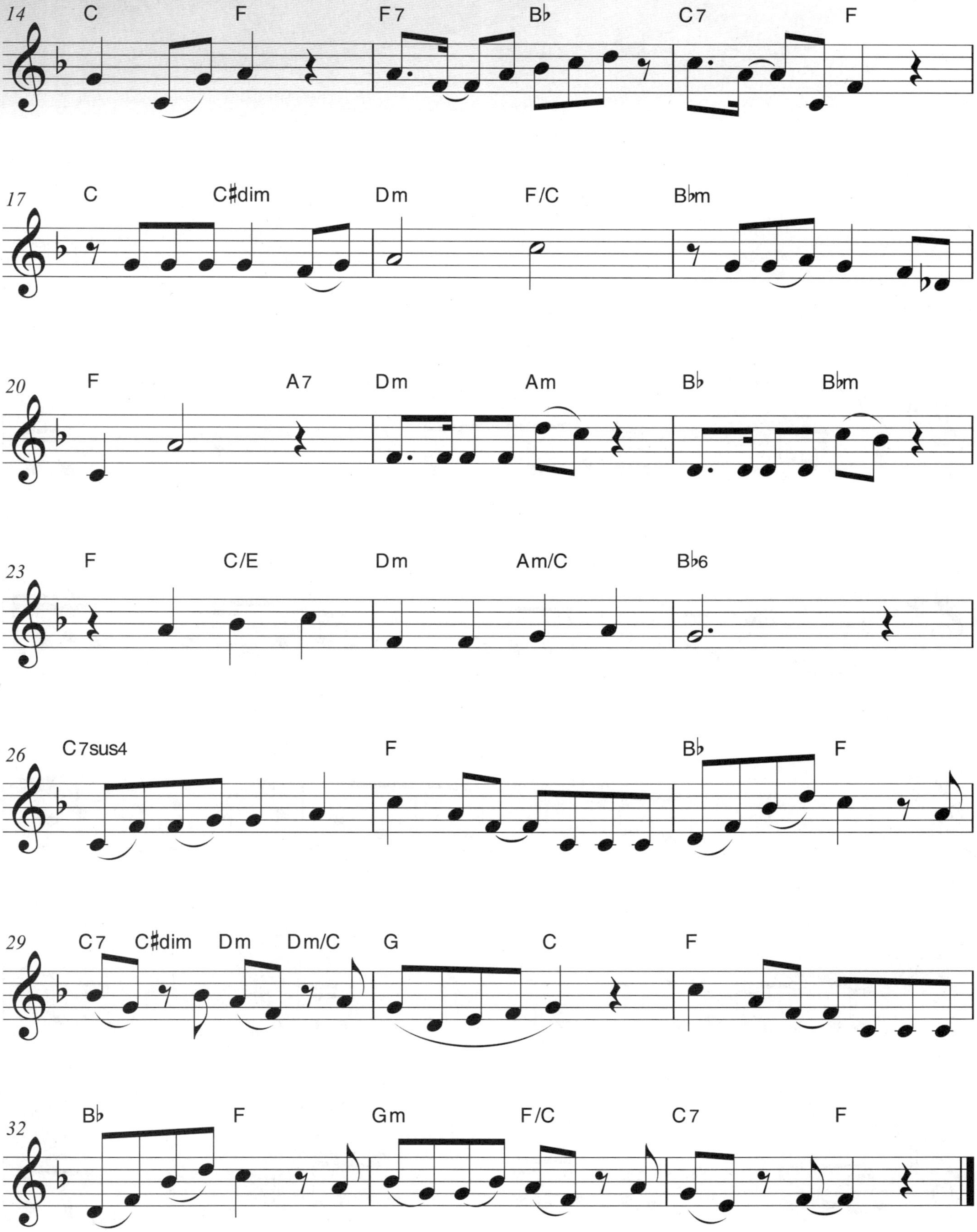
14 C F F7 B♭ C7 F
17 C C♯dim Dm F/C B♭m
20 F A7 Dm Am B♭ B♭m
23 F C/E Dm Am/C B♭6
26 C7sus4 F B♭ F
29 C7 C♯dim Dm Dm/C G C F
32 B♭ F Gm F/C C7 F

비행기 구름

바람이 분다 OST

Arai Yumi 작곡

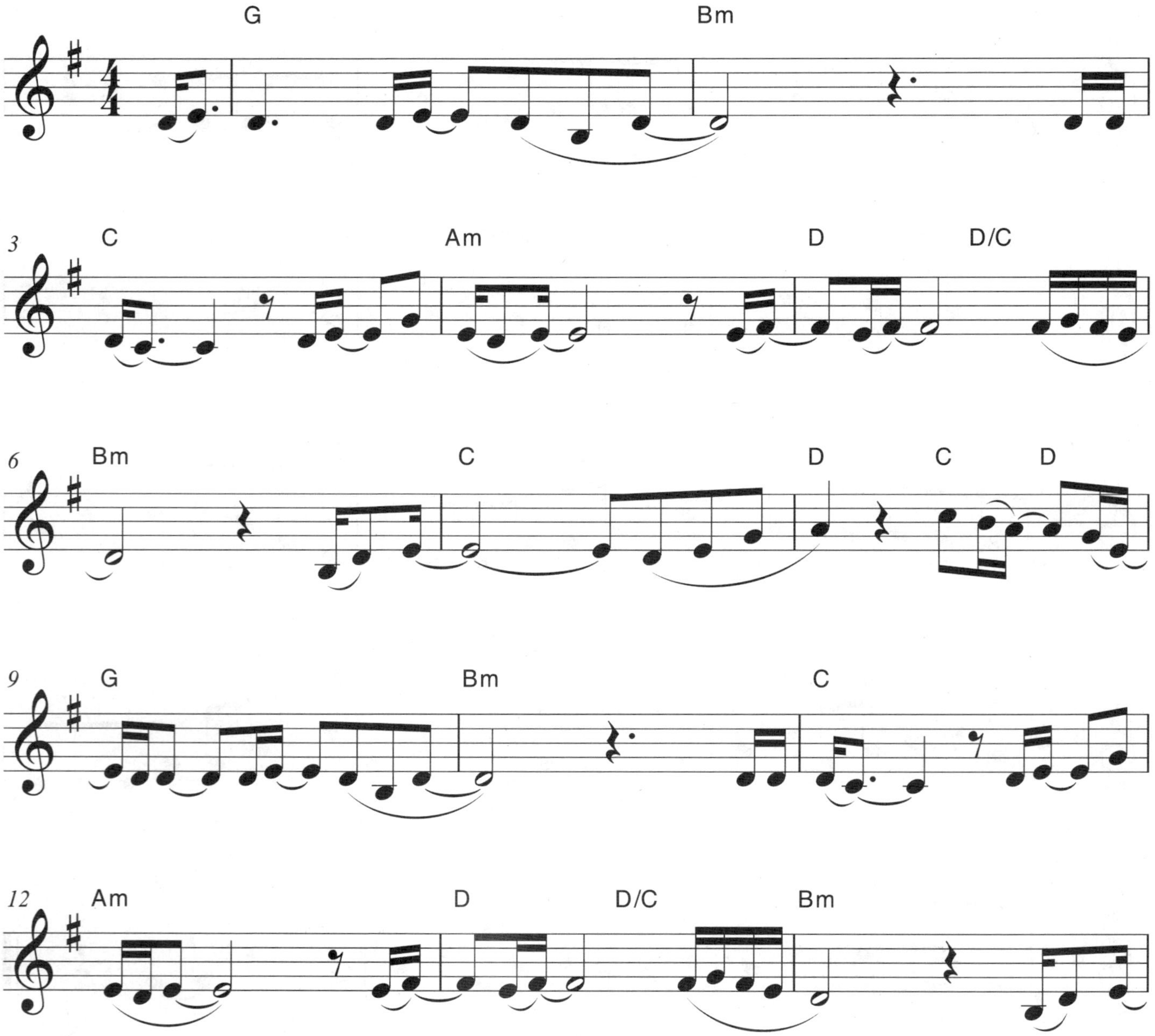

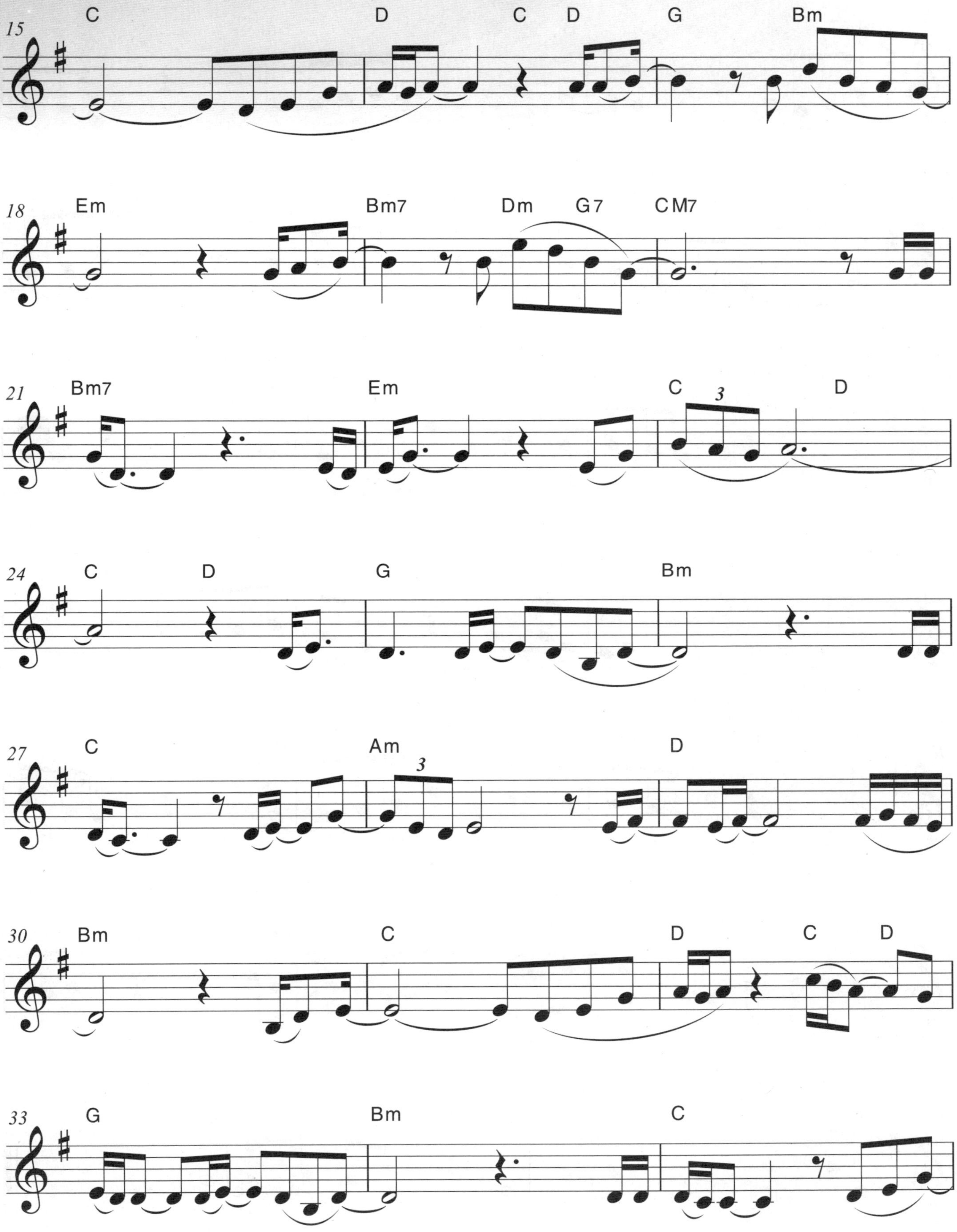
15 C D C D G Bm
18 Em Bm7 Dm G7 CM7
21 Bm7 Em C 3 D
24 C D G Bm
27 C Am 3 D
30 Bm C D C D
33 G Bm C

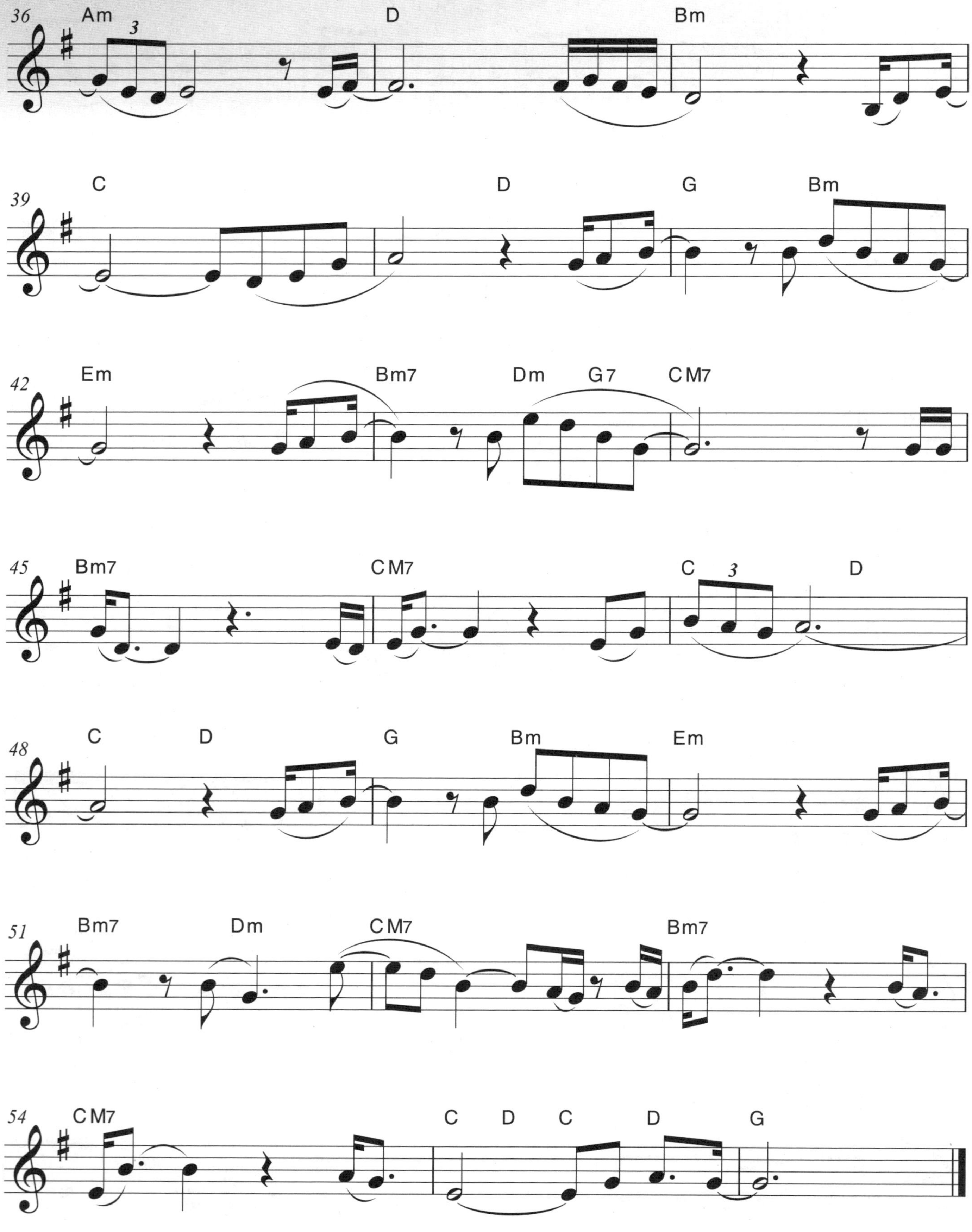
36 Am 3 D Bm
39 C D G Bm
42 Em Bm7 Dm G7 CM7
45 Bm7 CM7 C 3 D
48 C D G Bm Em
51 Bm7 Dm CM7 Bm7
54 CM7 C D C D G

사랑은 꽃, 그대는 그 씨앗

추억은 방울방울 OST
Amanda Mcbroom 작곡

반주 음원

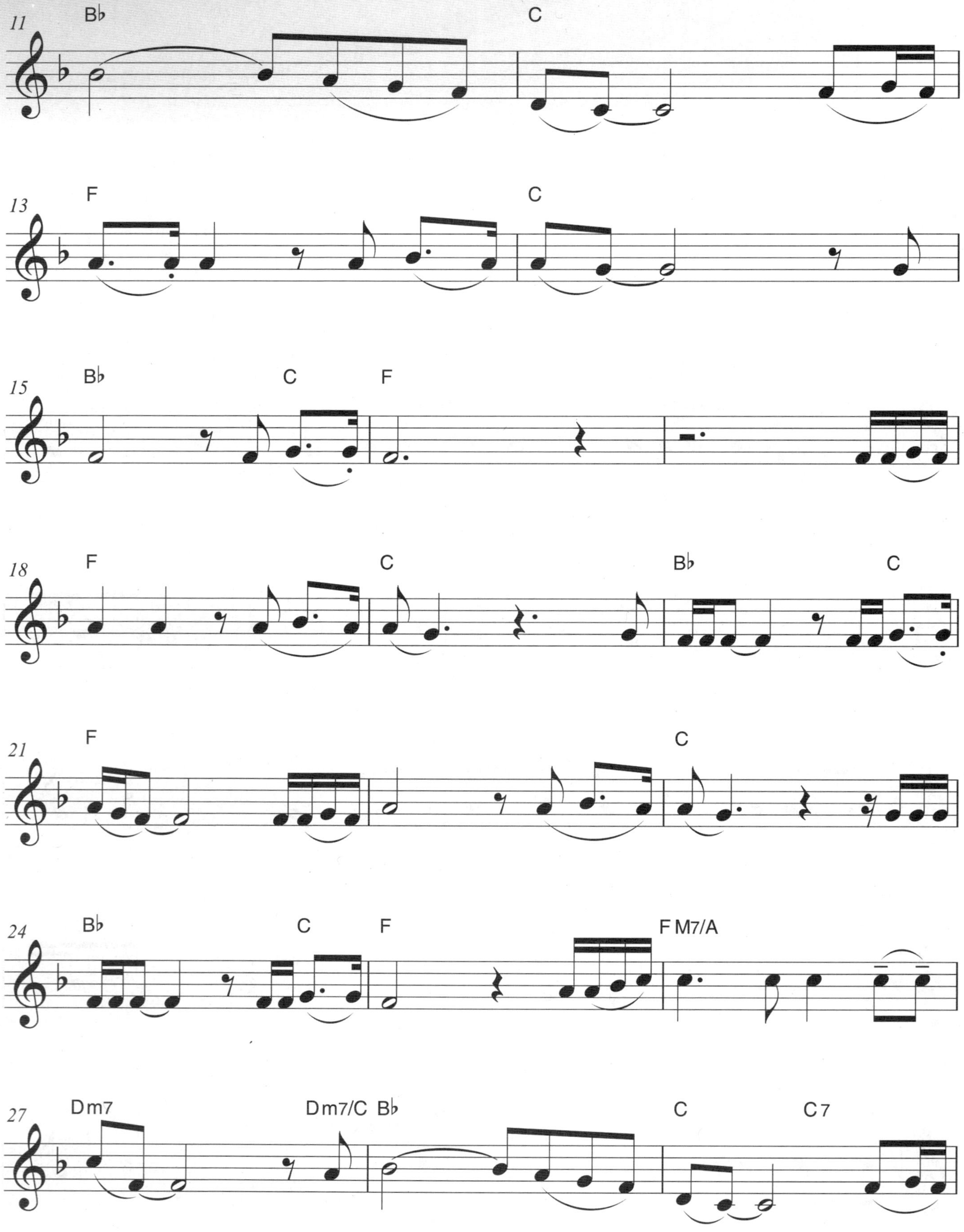
11
B♭
C
13
F
C
15
B♭
C
F
18
F
C
B♭
C
21
F
C
24
B♭
C
F
F M7/A
27
Dm7
Dm7/C
B♭
C
C7

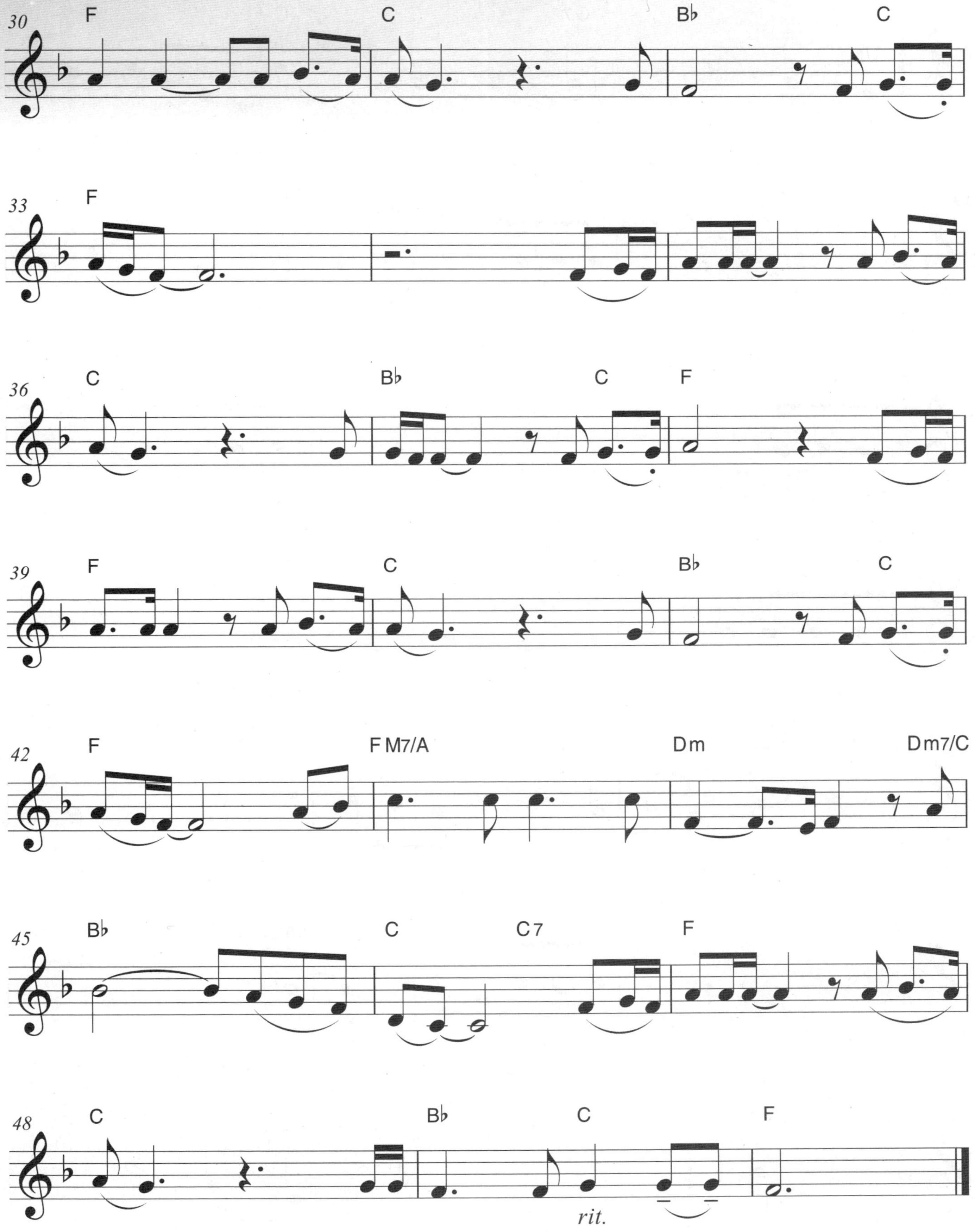
30
F
C
B♭
C
33
F
36
C
B♭
C
F
39
F
C
B♭
C
42
F
F M7/A
Dm
Dm7/C
45
B♭
C
C7
F
48
C
B♭
C
F
rit.

산책

이웃집 토토로 OST

Nakagawa Rieko, Hisaishi Joe 작곡

반주 음원

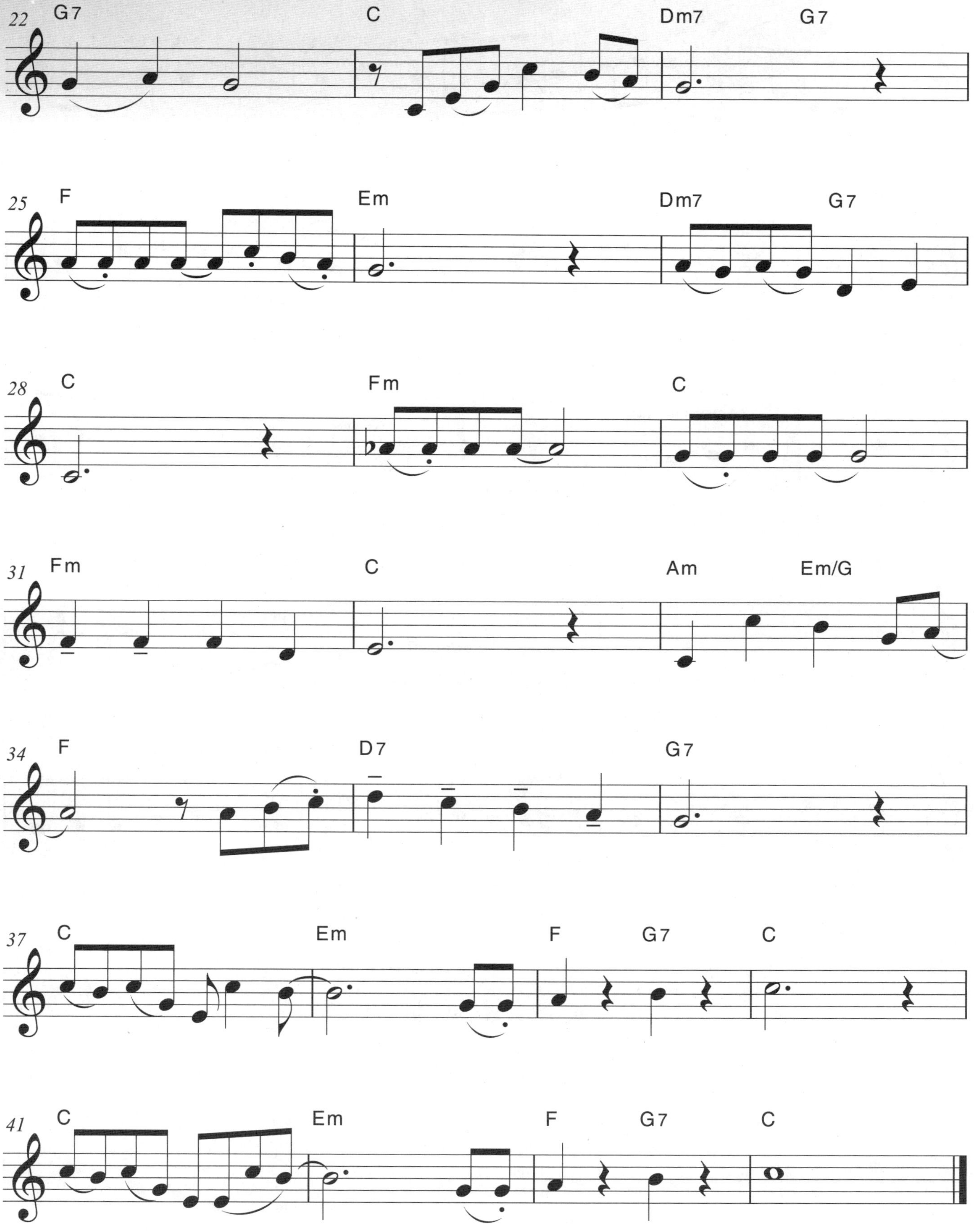
22 G7 C Dm7 G7
25 F Em Dm7 G7
28 C Fm C
31 Fm C Am Em/G
34 F D7 G7
37 C Em F G7 C
41 C Em F G7 C

생명의 기억

가구야 공주 이야기 OST

Nikaido Kazumi, Jasrac 작곡

반주 음원

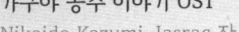

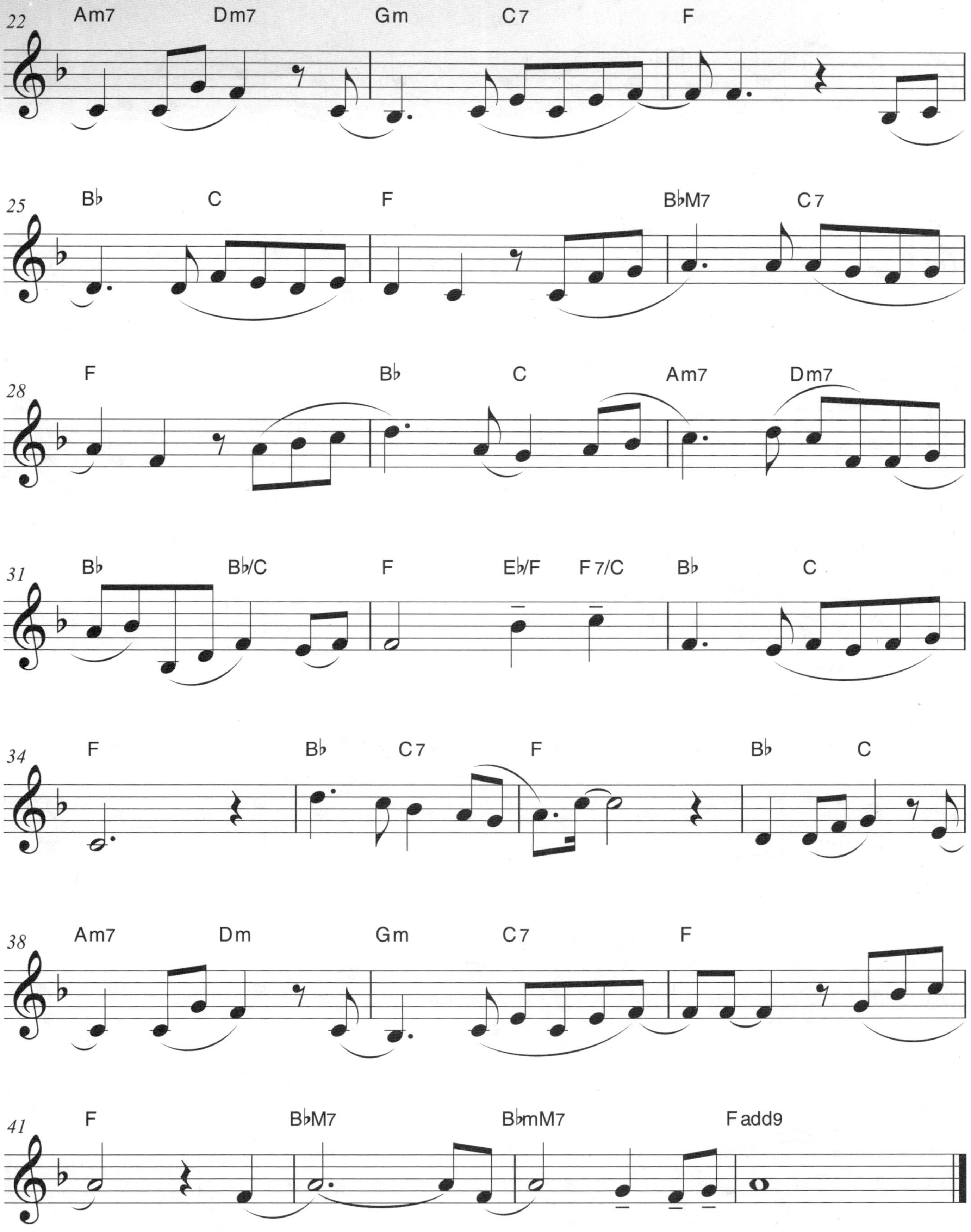
22 Am7 Dm7 Gm C7 F
25 B♭ C F B♭M7 C7
28 F B♭ C Am7 Dm7
31 B♭ B♭/C F E♭/F F7/C B♭ C
34 F B♭ C7 F B♭ C
38 Am7 Dm Gm C7 F
41 F B♭M7 B♭mM7 Fadd9

세계의 약속

하울의 움직이는 성 OST
Kimura Yumi 작곡

반주 음원

시간의 노래

게드전기: 어스시의 전설 OST

Hogari Hisaaki, Arai Akino 작곡

반주 음원

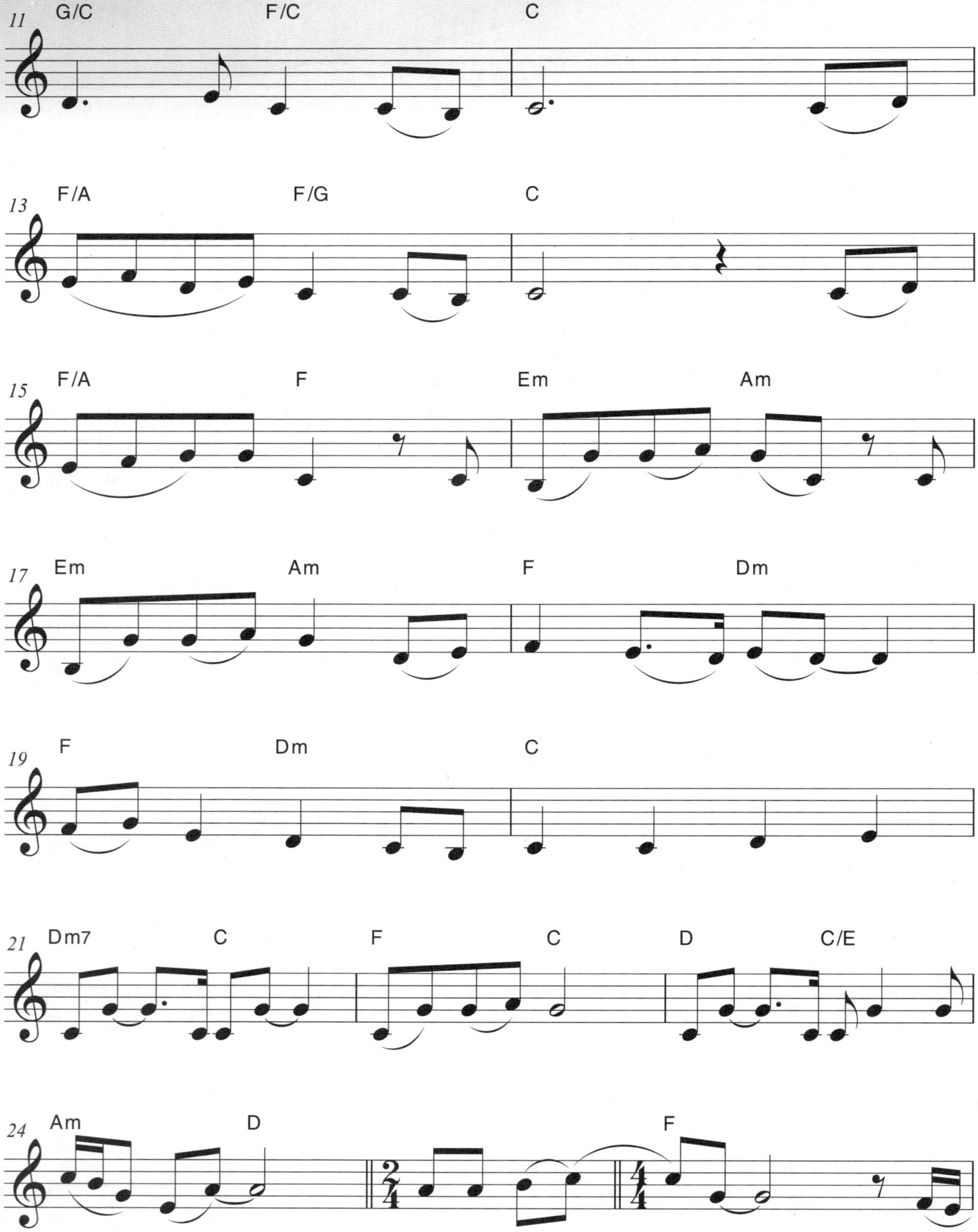
11 G/C F/C C
13 F/A F/G C
15 F/A F Em Am
17 Em Am F Dm
19 F Dm C
21 Dm7 C F C D C/E
24 Am D F

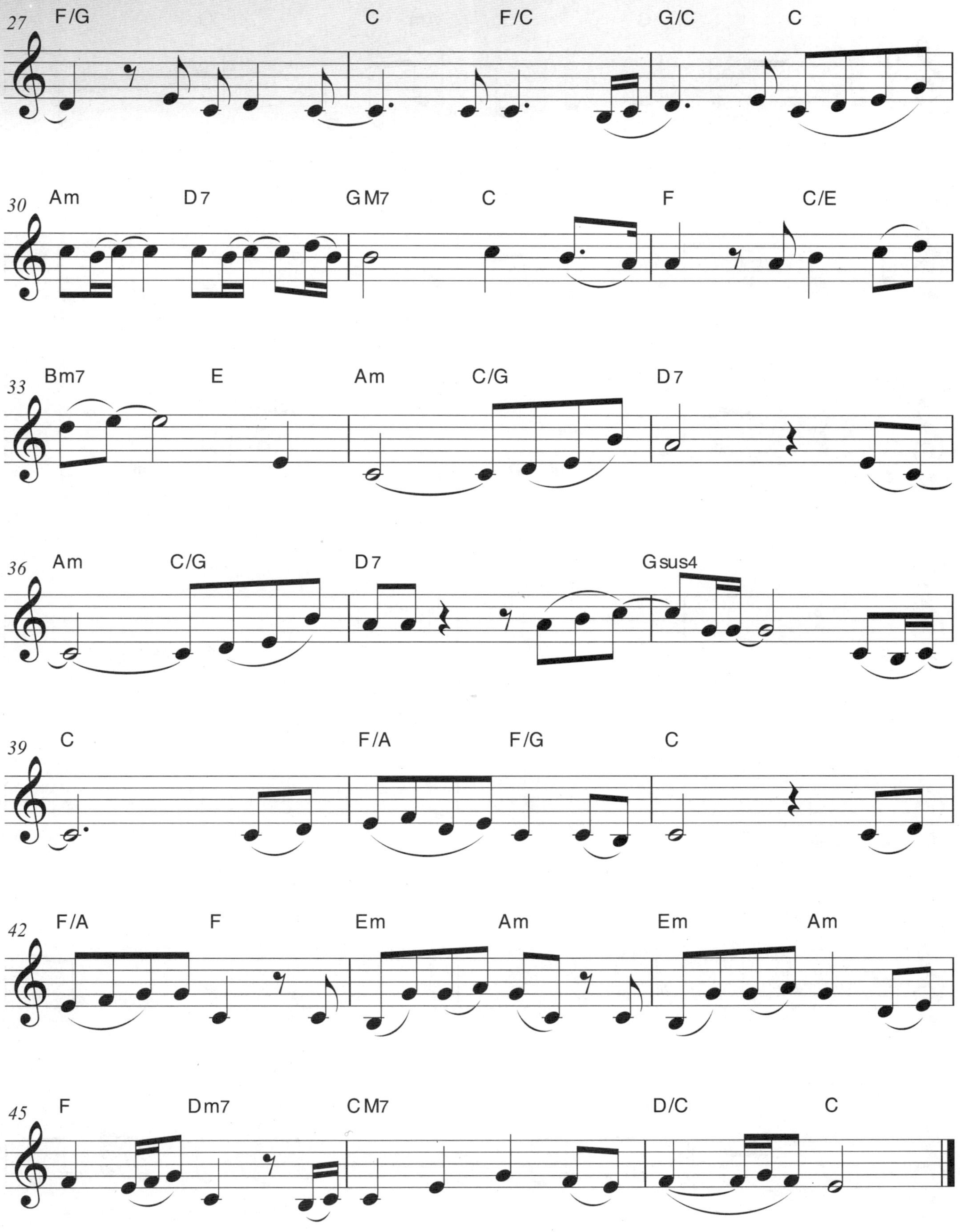
27 F/G C F/C G/C C
30 Am D7 GM7 C F C/E
33 Bm7 E Am C/G D7
36 Am C/G D7 Gsus4
39 C F/A F/G C
42 F/A F Em Am Em Am
45 F Dm7 CM7 D/C C

아리에티의 노래

마루 밑 아리에티 OST
Cecile Corbel, Jasrac 작곡

반주 음원

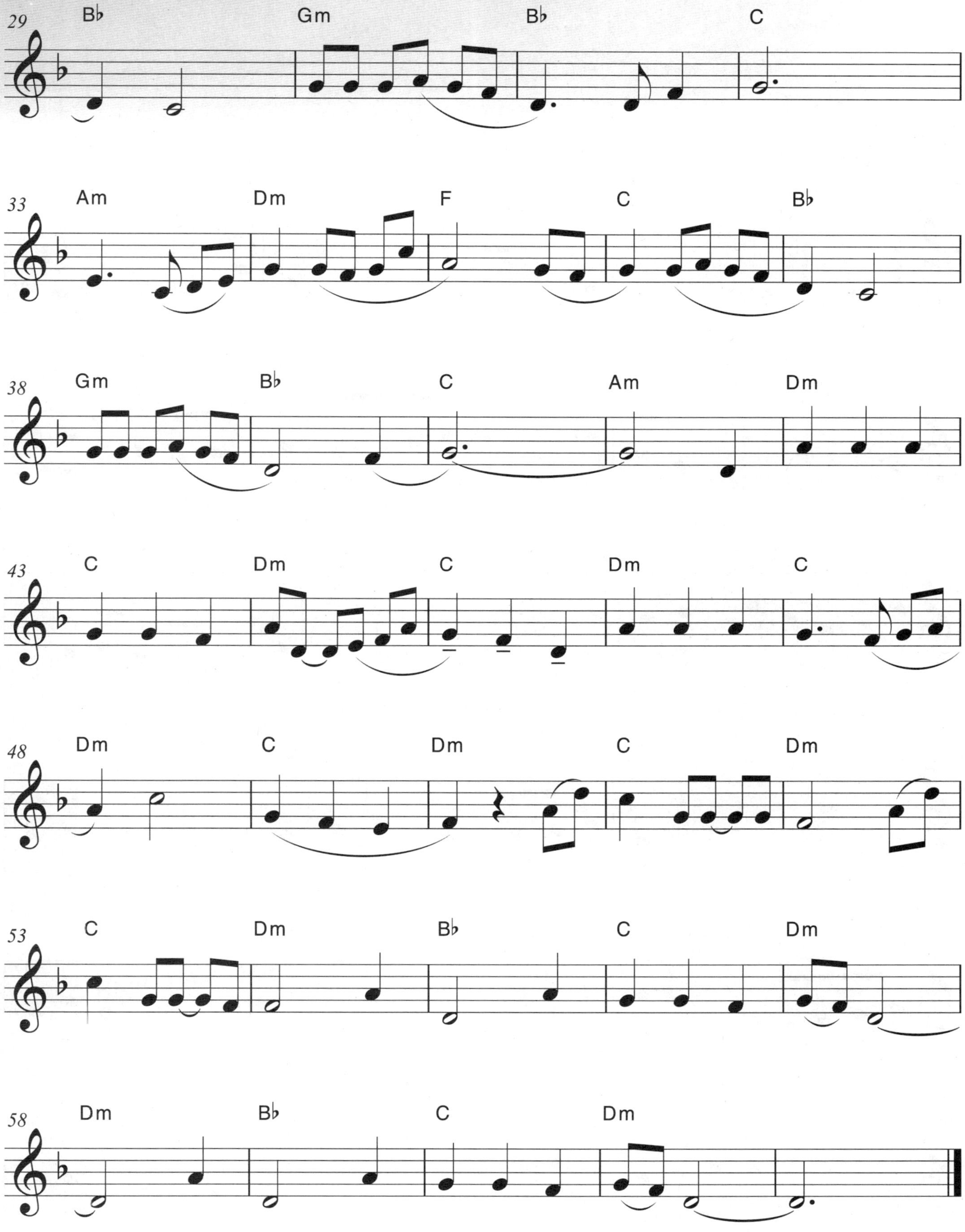
29
B♭ Gm B♭ C
33
Am Dm F C B♭
38
Gm B♭ C Am Dm
43
C Dm C Dm C
48
Dm C Dm C Dm
53
C Dm B♭ C Dm
58
Dm B♭ C Dm

아시타카와 산

모노노케 히메 OST

Hisaishi Joe 작곡

반주 음원

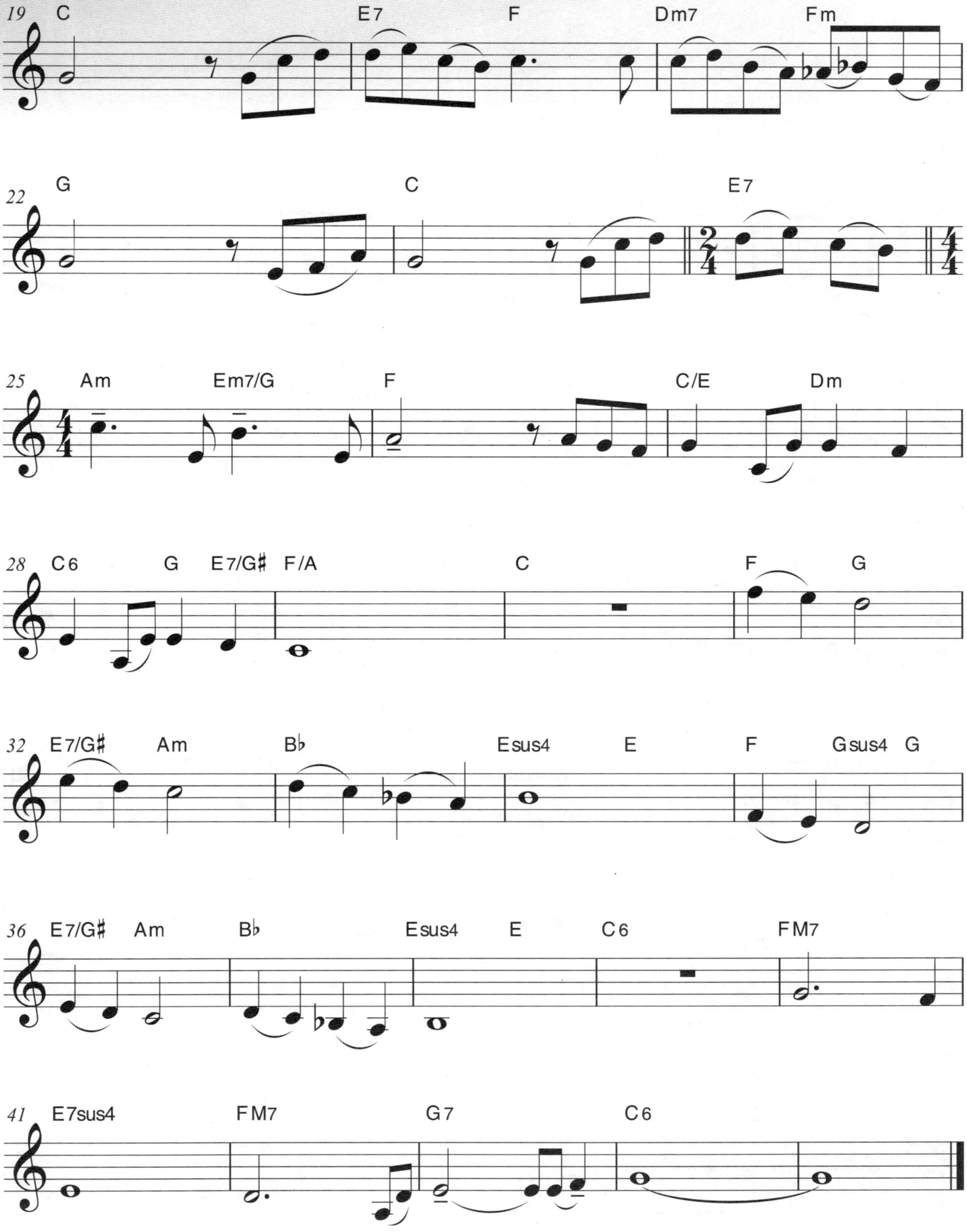
19 C E7 F Dm7 Fm
22 G C E7
25 Am Em7/G F C/E Dm
28 C6 G E7/G♯ F/A C F G
32 E7/G♯ Am B♭ Esus4 E F Gsus4 G
36 E7/G♯ Am B♭ Esus4 E C6 FM7
41 E7sus4 FM7 G7 C6

아시타카의 전설

모노노케 히메 OST

Hisaishi Joec 작곡

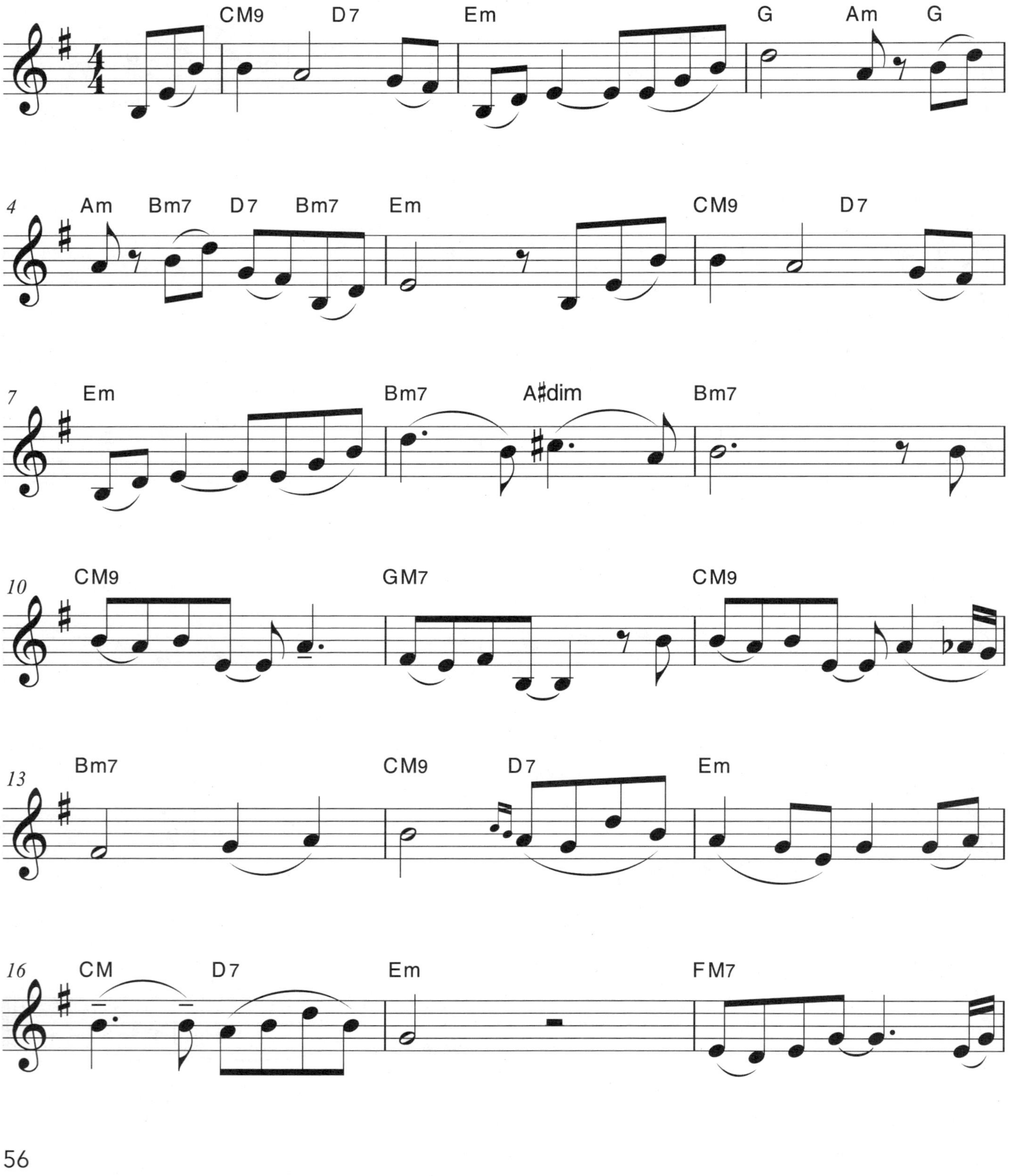

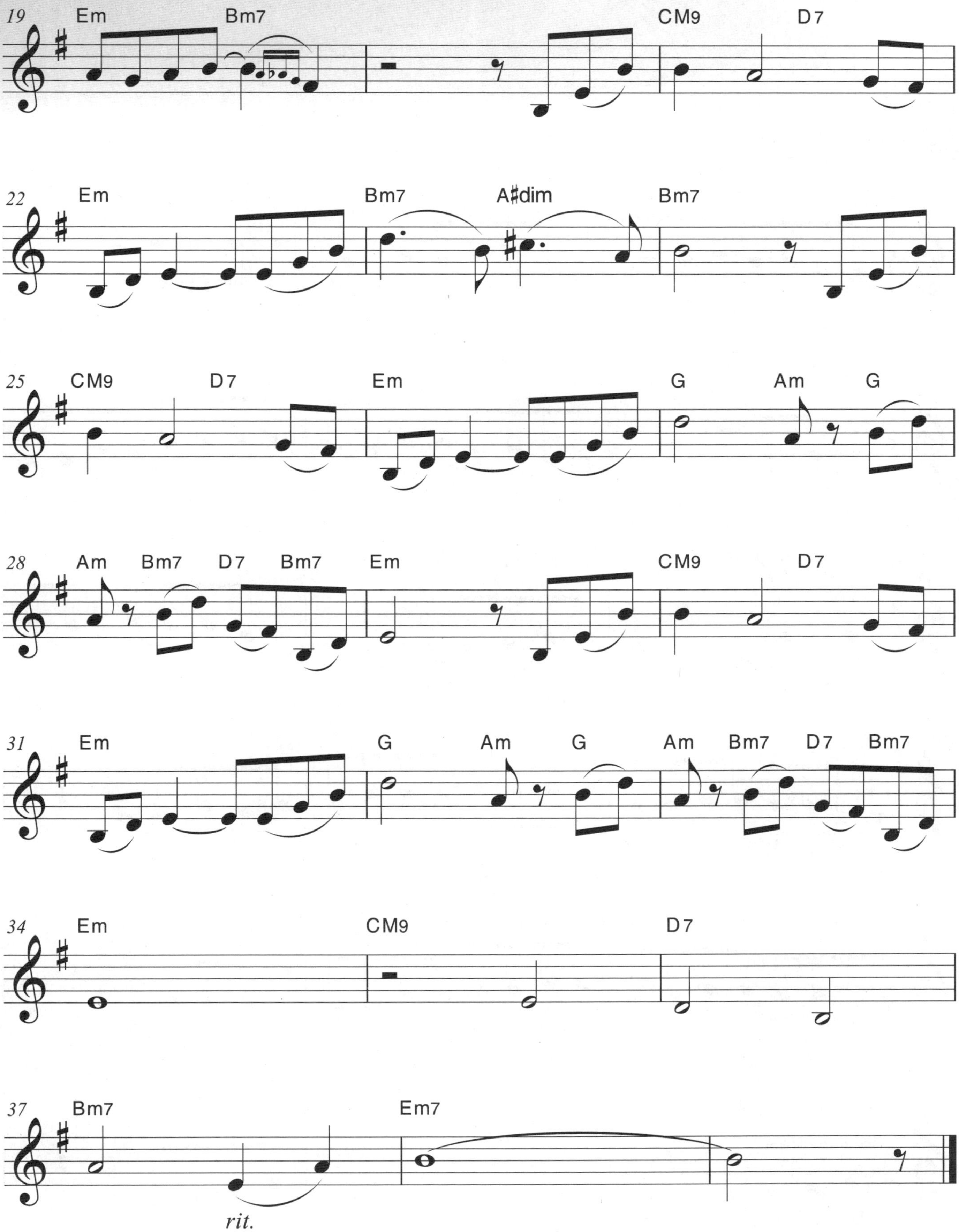
19
Em
Bm7
CM9
D7
22
Em
Bm7
A♯dim
Bm7
25
CM9
D7
Em
G
Am
G
28
Am
Bm7
D7
Bm7
Em
CM9
D7
31
Em
G
Am
G
Am
Bm7
D7
Bm7
34
Em
CM9
D7
37
Bm7
Em7
rit.

아침밥의 노래

코쿠리코 언덕에서 OST
Taniyama Hiroko, Jasrac 작곡

반주 음원

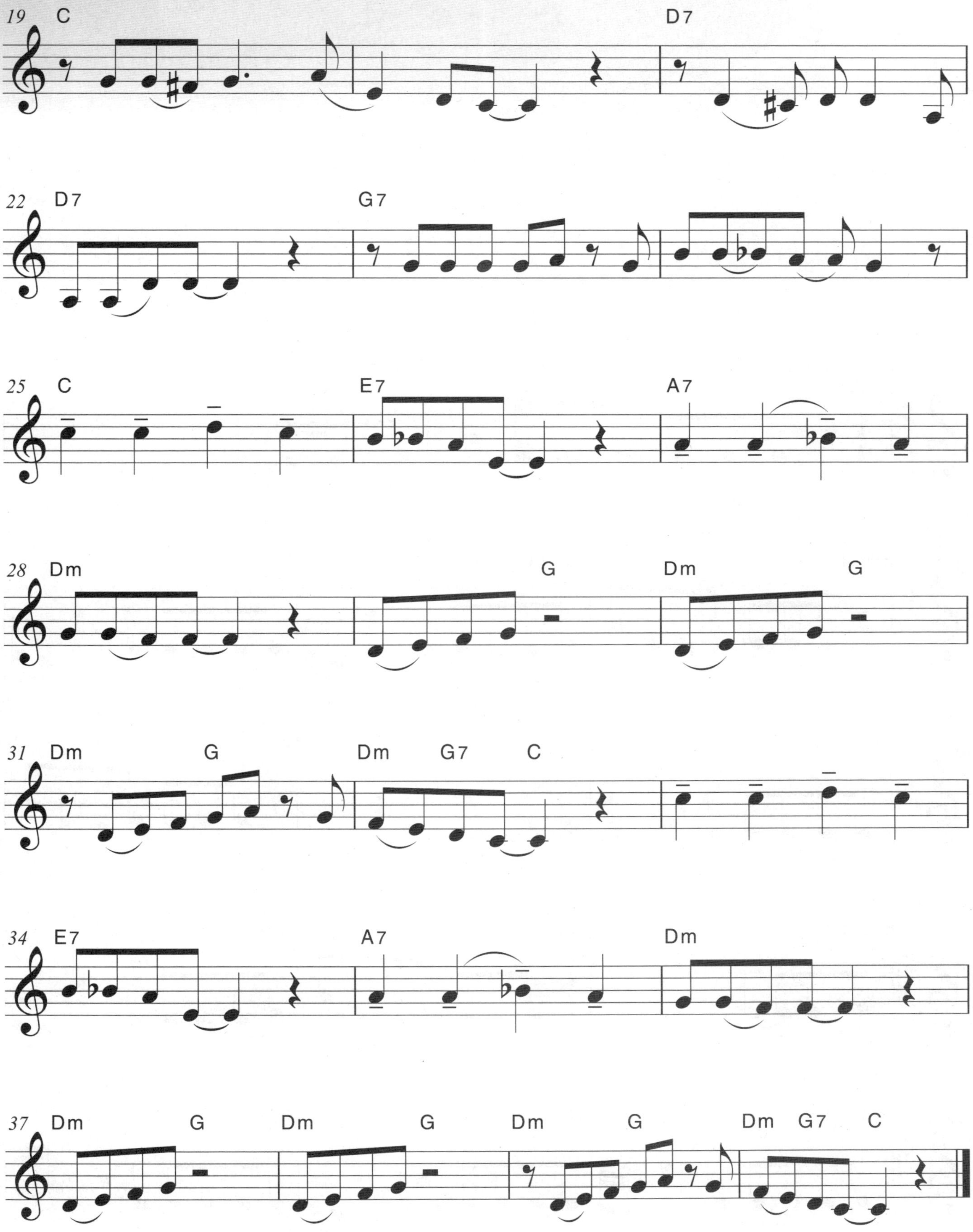
19 C
D7
22 D7
G7
25 C
E7
A7
28 Dm
G
Dm
G
31 Dm
G
Dm
G7
C
34 E7
A7
Dm
37 Dm
G
Dm
G
Dm
G
Dm
G7
C

어느 여름날

센과 치히로의 행방불명 OST

Hisaishi Joe 작곡

반주 음원

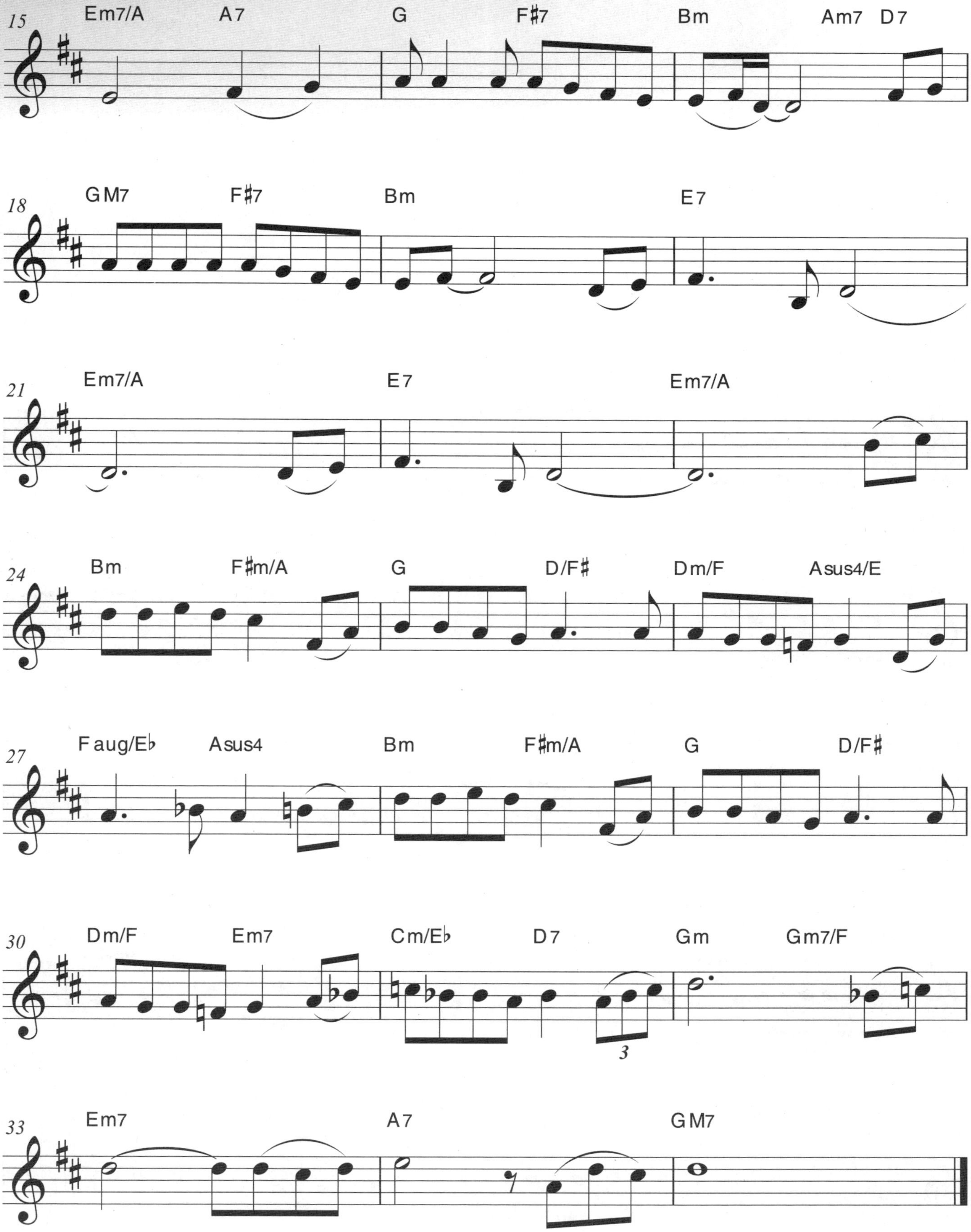
15
Em7/A
A7
G
F♯7
Bm
Am7
D7
18
GM7
F♯7
Bm
E7
21
Em7/A
E7
Em7/A
24
Bm
F♯m/A
G
D/F♯
Dm/F
Asus4/E
27
F aug/E♭
Asus4
Bm
F♯m/A
G
D/F♯
30
Dm/F
Em7
Cm/E♭
D7
Gm
Gm7/F
3
33
Em7
A7
GM7

언제나 누군가가

폼포코 너구리 대작전 OST
Kouryuu, Jasrac 작곡

반주 음원

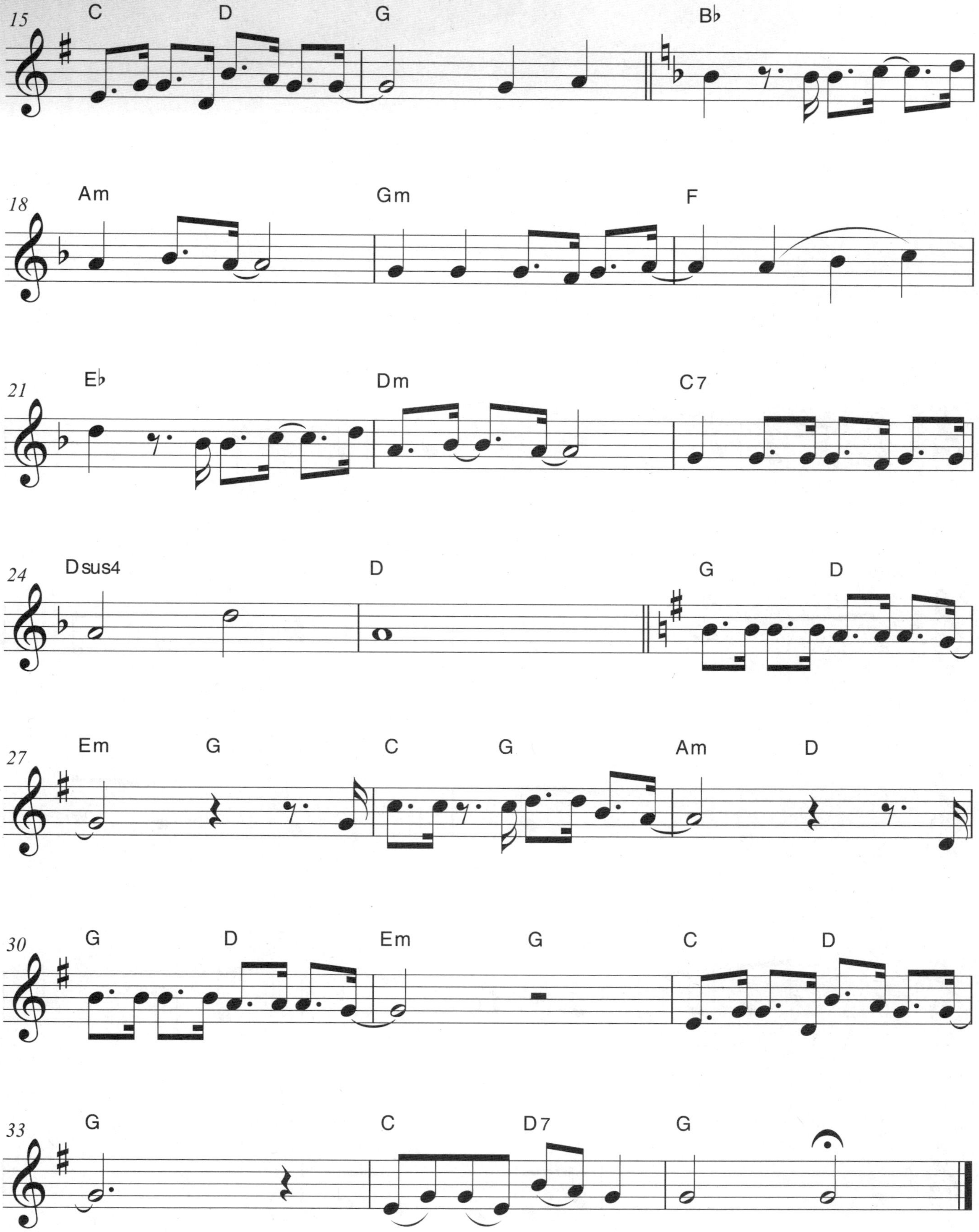
15 C D G B♭
18 Am Gm F
21 E♭ Dm C7
24 Dsus4 D G D
27 Em G C G Am D
30 G D Em G C D
33 G C D7 G

언제나 몇 번이라도

센과 치히로의 행방불명 OST
Kimura Yumi 작곡

반주 음원

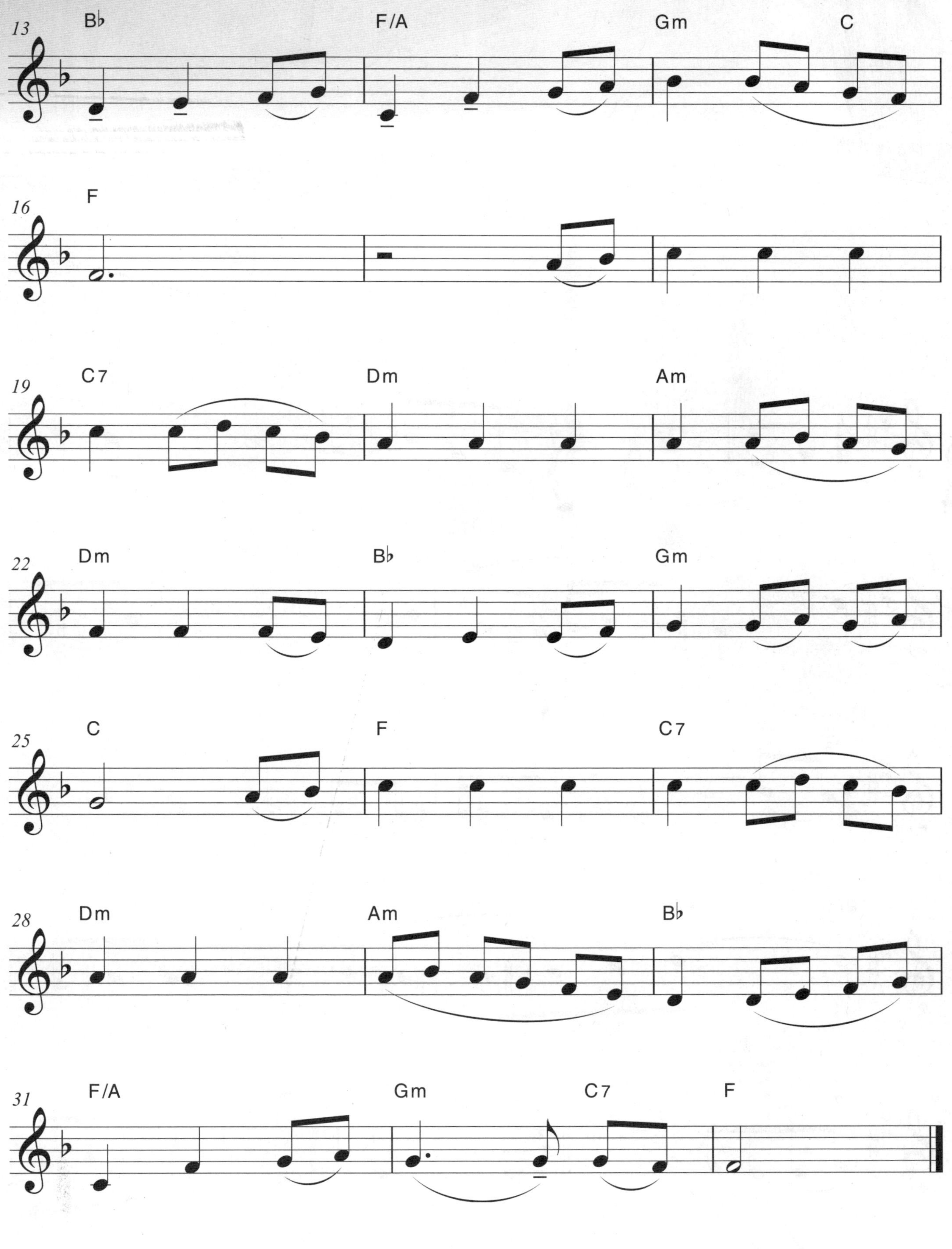
13
B♭
F/A
Gm
C
16
F
19
C7
Dm
Am
22
Dm
B♭
Gm
25
C
F
C7
28
Dm
Am
B♭
31
F/A
Gm
C7
F

여로: 몽중비행

바람이 분다 OST
Hisaishi Joe 작곡

반주 음원

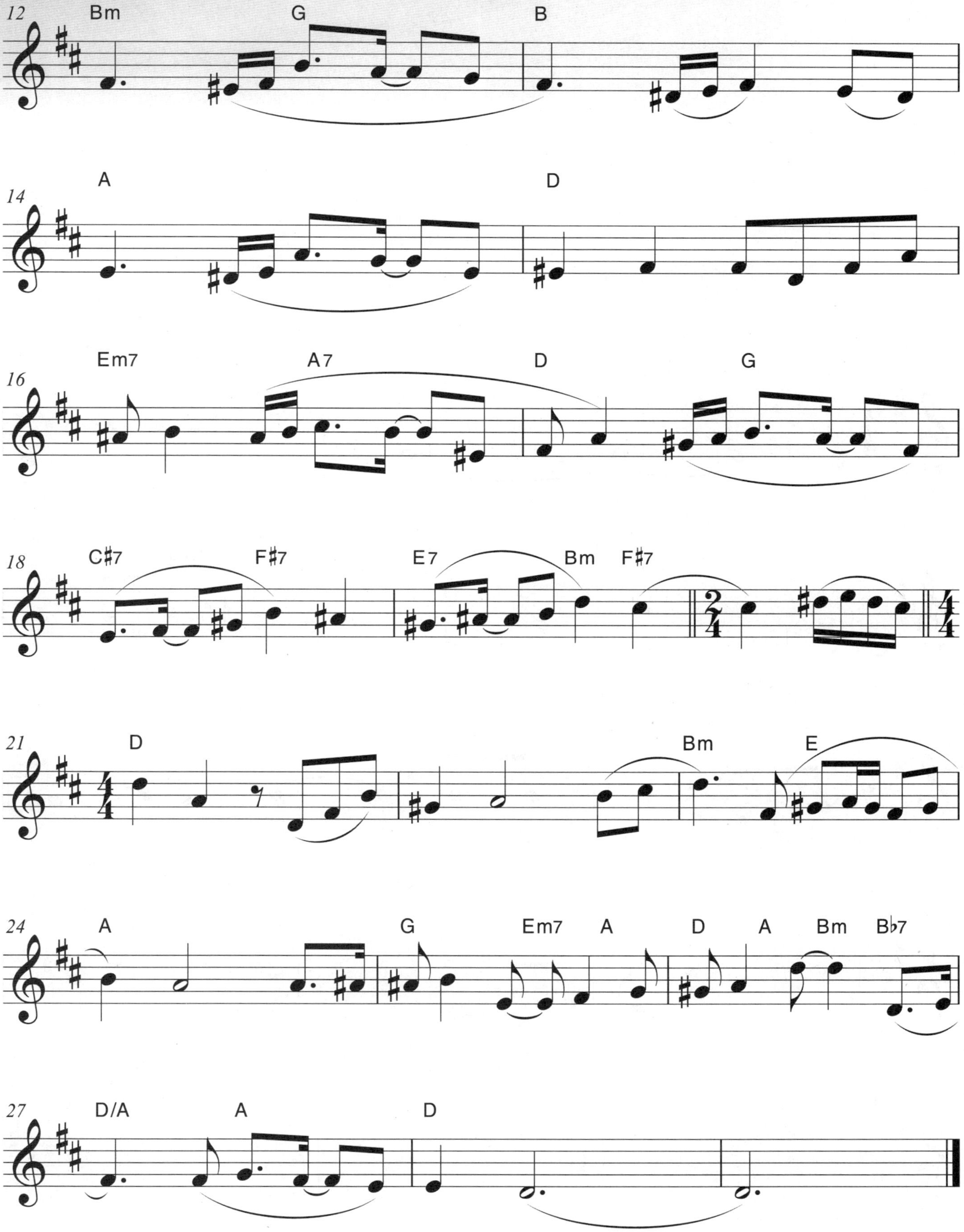
12 Bm G B
14 A D
16 Em7 A7 D G
18 C#7 F#7 E7 Bm F#7
21 D Bm E
24 A G Em7 A D A Bm Bb7
27 D/A A D

여섯 번째 역

센과 치히로의 행방불명 OST

Hisaishi Joe 작곡

반주 음원

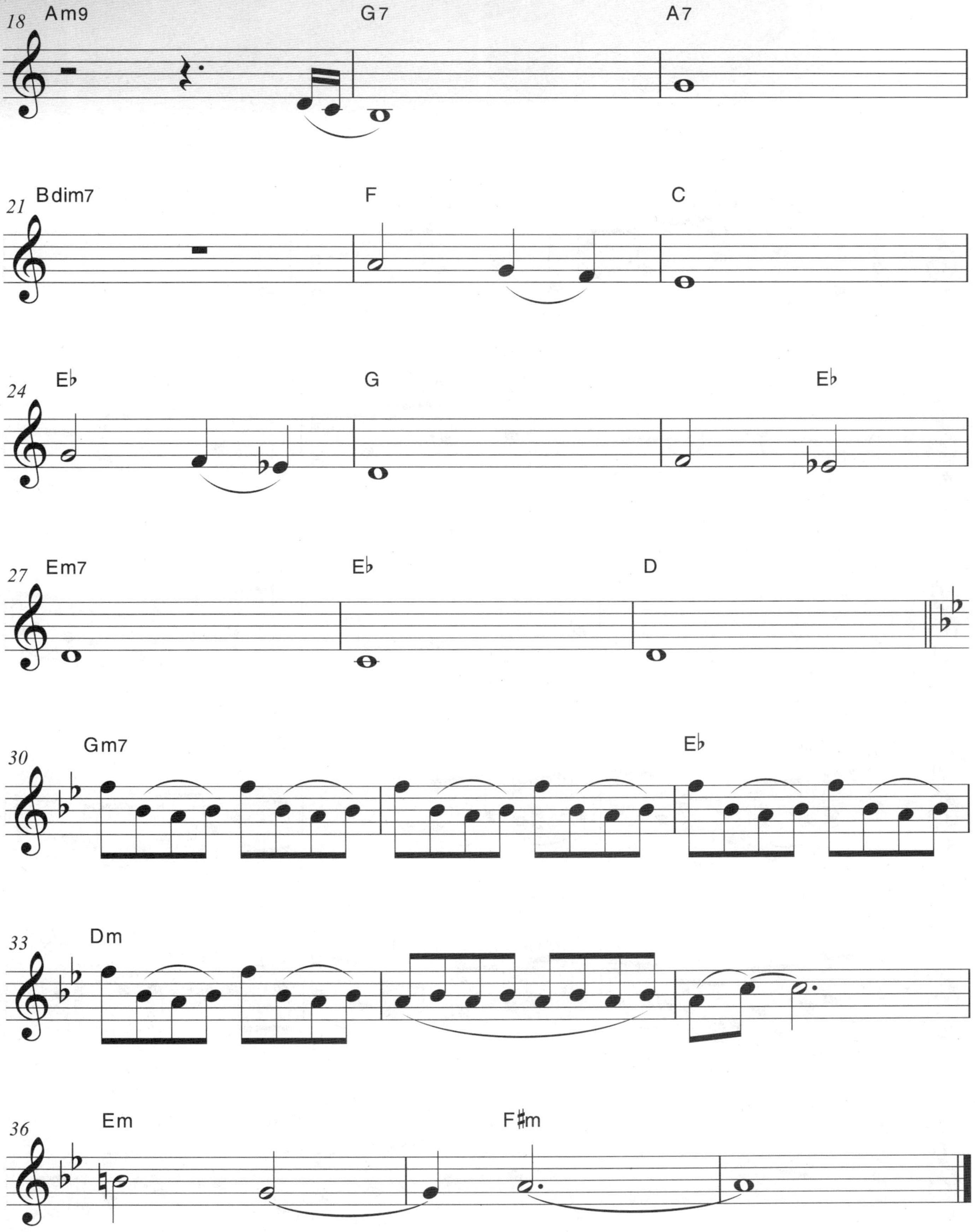
18
Am9
G7
A7
21
Bdim7
F
C
24
E♭
G
E♭
27
Em7
E♭
D
30
Gm7
E♭
33
Dm
36
Em
F♯m

오월의 마을

이웃집 토토로 OST
Hisaishi Joe 작곡

반주 음원

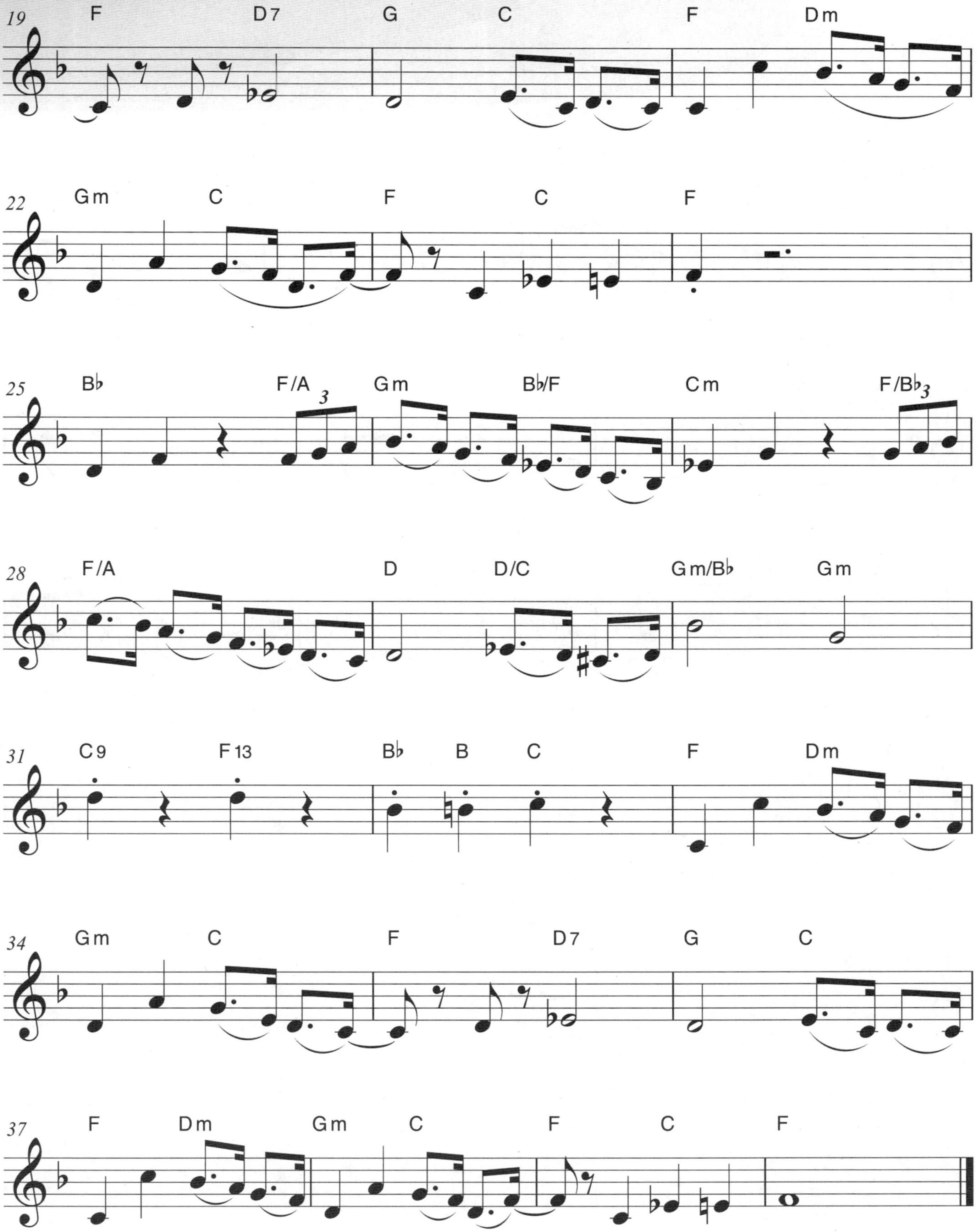
19 F D7 G C F Dm
22 Gm C F C F
25 B♭ F/A 3 Gm B♭/F Cm F/B♭ 3
28 F/A D D/C Gm/B♭ Gm
31 C9 F13 B♭ B C F Dm
34 Gm C F D7 G C
37 F Dm Gm C F C F

이별의 여름

코쿠리코 언덕에서 OST
Koichi Sakata 작곡

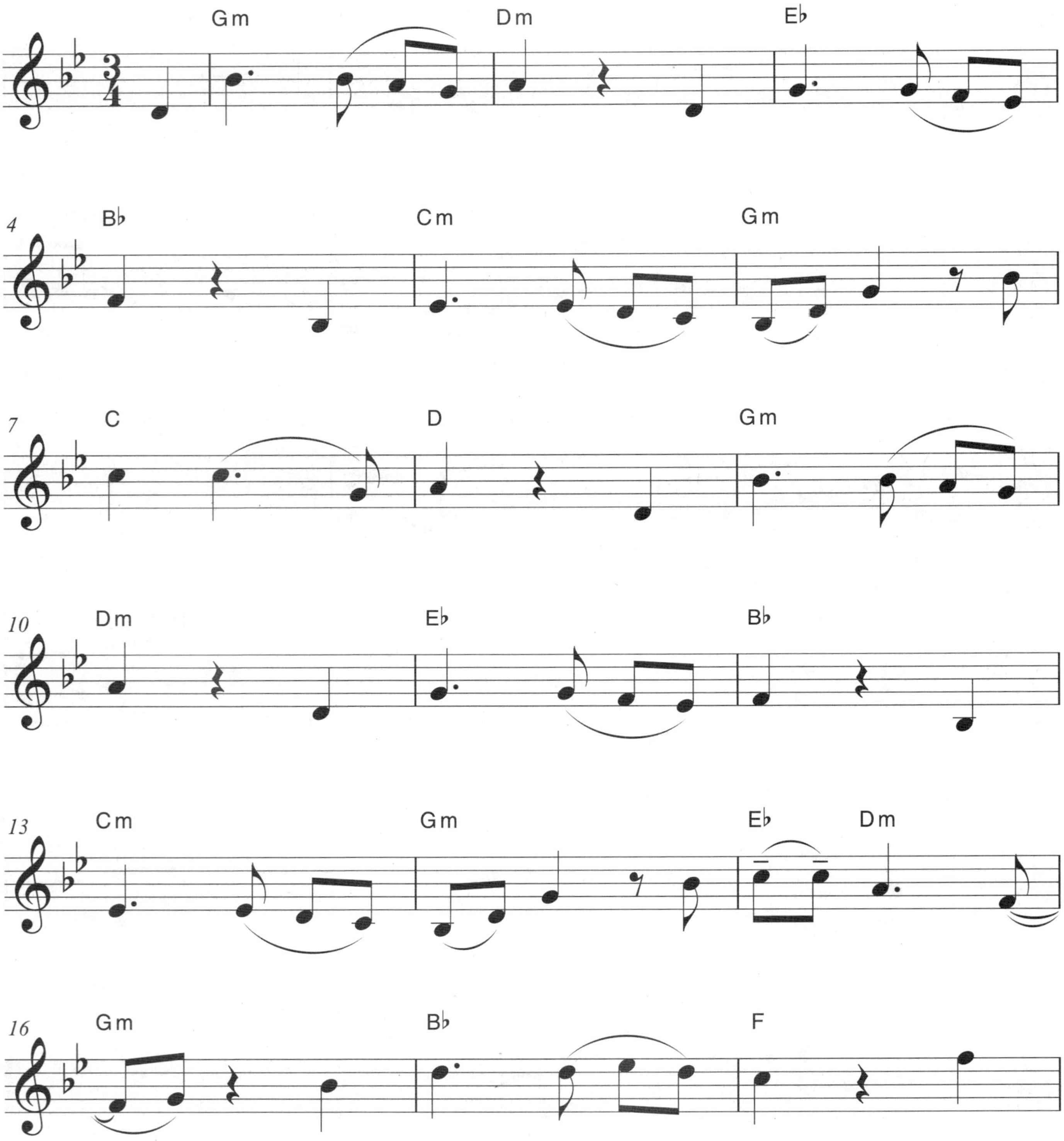

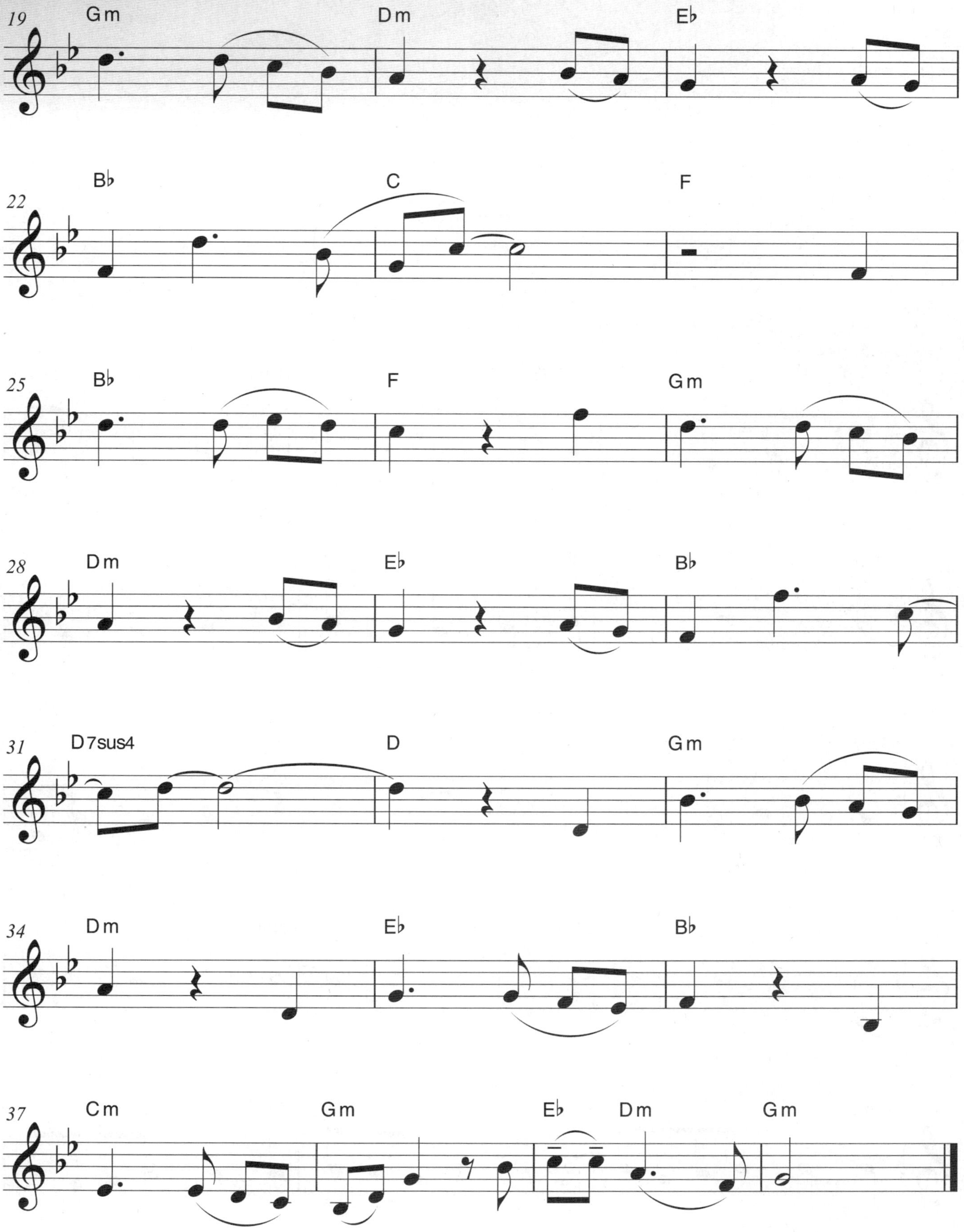
19
Gm
Dm
E♭
22
B♭
C
F
25
B♭
F
Gm
28
Dm
E♭
B♭
31
D7sus4
D
Gm
34
Dm
E♭
B♭
37
Cm
Gm
E♭
Dm
Gm

이웃집 토토로

이웃집 토토로 OST
Miyazaki Hayao, Hisaishi Joe 작곡

반주 음원

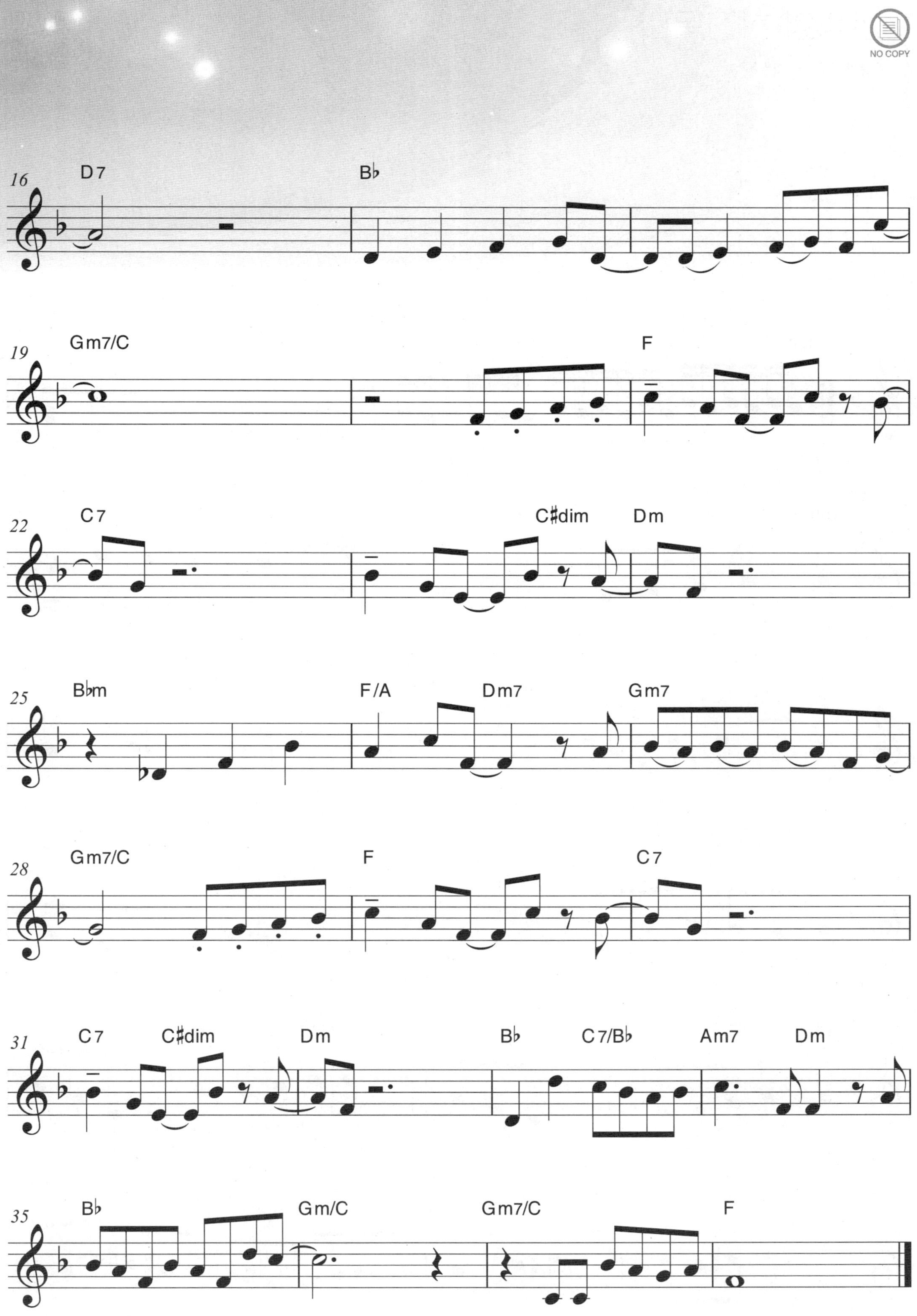
NO COPY
16
D7
B♭
19
Gm7/C
F
22
C7
C♯dim
Dm
25
B♭m
F/A
Dm7
Gm7
28
Gm7/C
F
C7
31
C7
C♯dim
Dm
B♭
C7/B♭
Am7
Dm
35
B♭
Gm/C
Gm7/C
F

인생의 회전목마

하울의 움직이는 성 OST

Hisaishi Joe 작곡

반주 음원

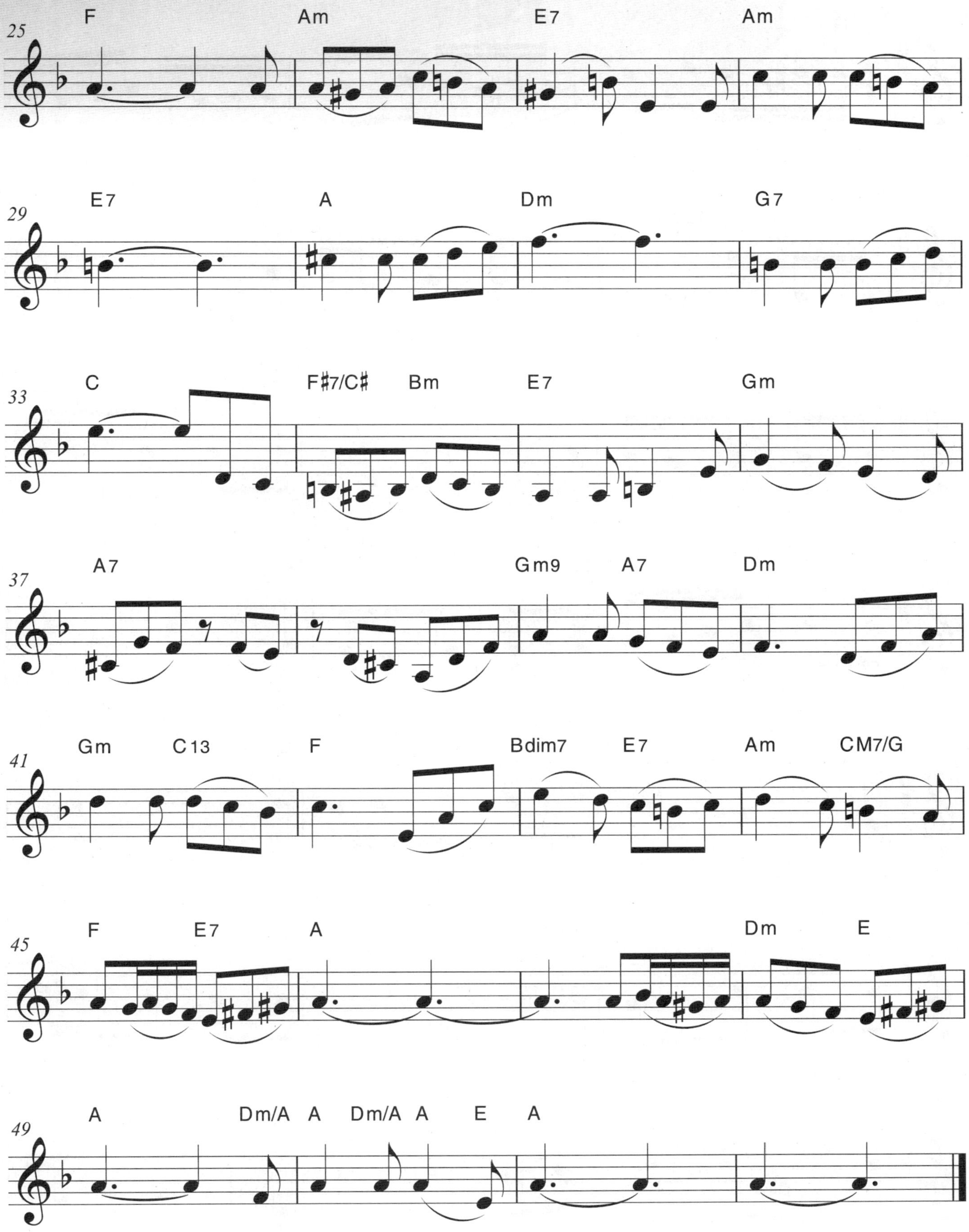
25
F
Am
E7
Am
29
E7
A
Dm
G7
33
C
F♯7/C♯
Bm
E7
Gm
37
A7
Gm9
A7
Dm
41
Gm
C13
F
Bdim7
E7
Am
CM7/G
45
F
E7
A
Dm
E
49
A
Dm/A
A
Dm/A
A
E
A

일 시작

마녀 배달부 키키 OST
Hisaishi Joe 작곡

반주 음원

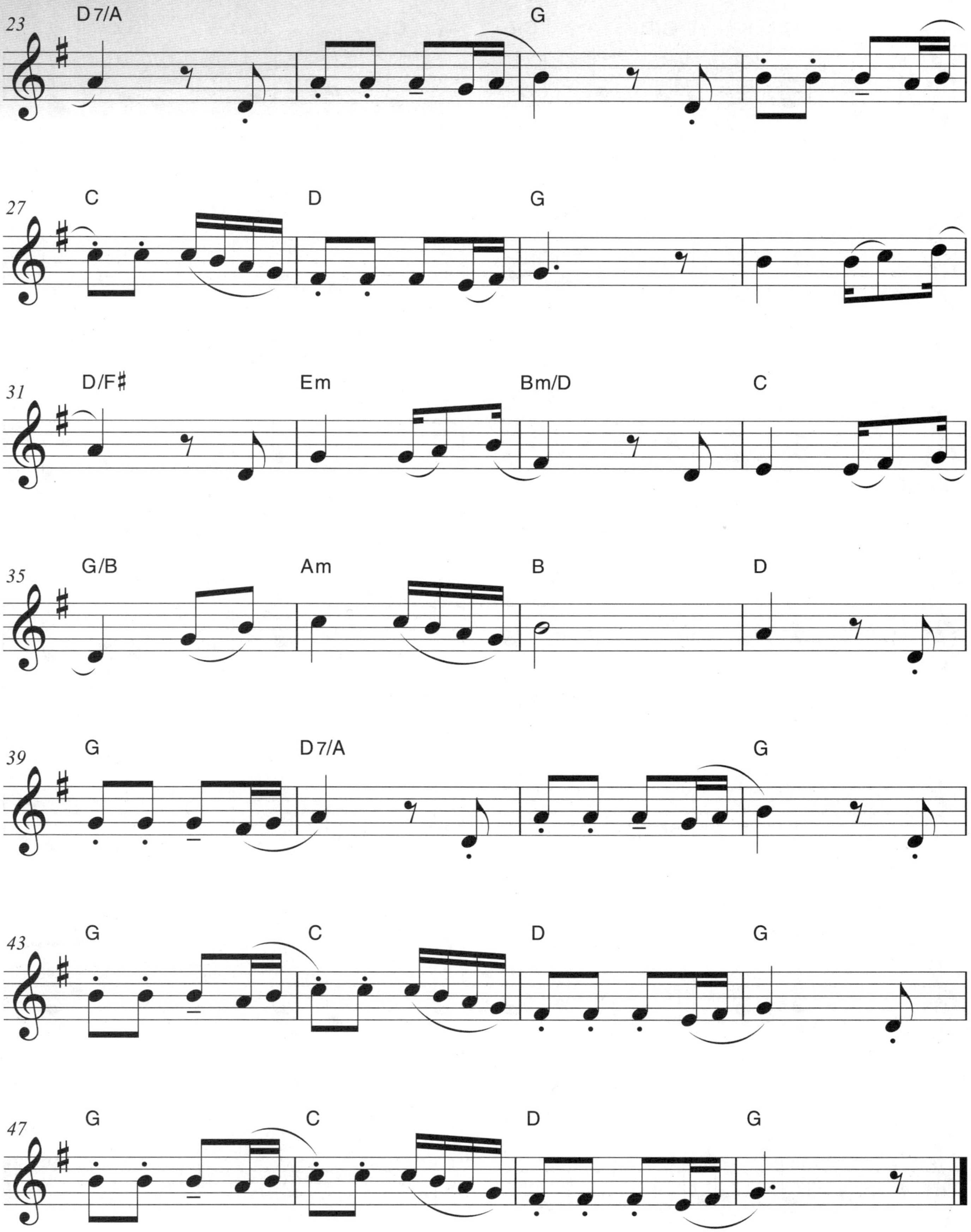
23 D7/A G
27 C D G
31 D/F♯ Em Bm/D C
35 G/B Am B D
39 G D7/A G
43 G C D G
47 G C D G

즐거운 나의 집

반딧불이의 묘 OST
Henry Bishop 작곡

반주 음원

천공의 성 라퓨타

천공의 성 라퓨타 OST
Hisaishi Joe 작곡

반주 음원

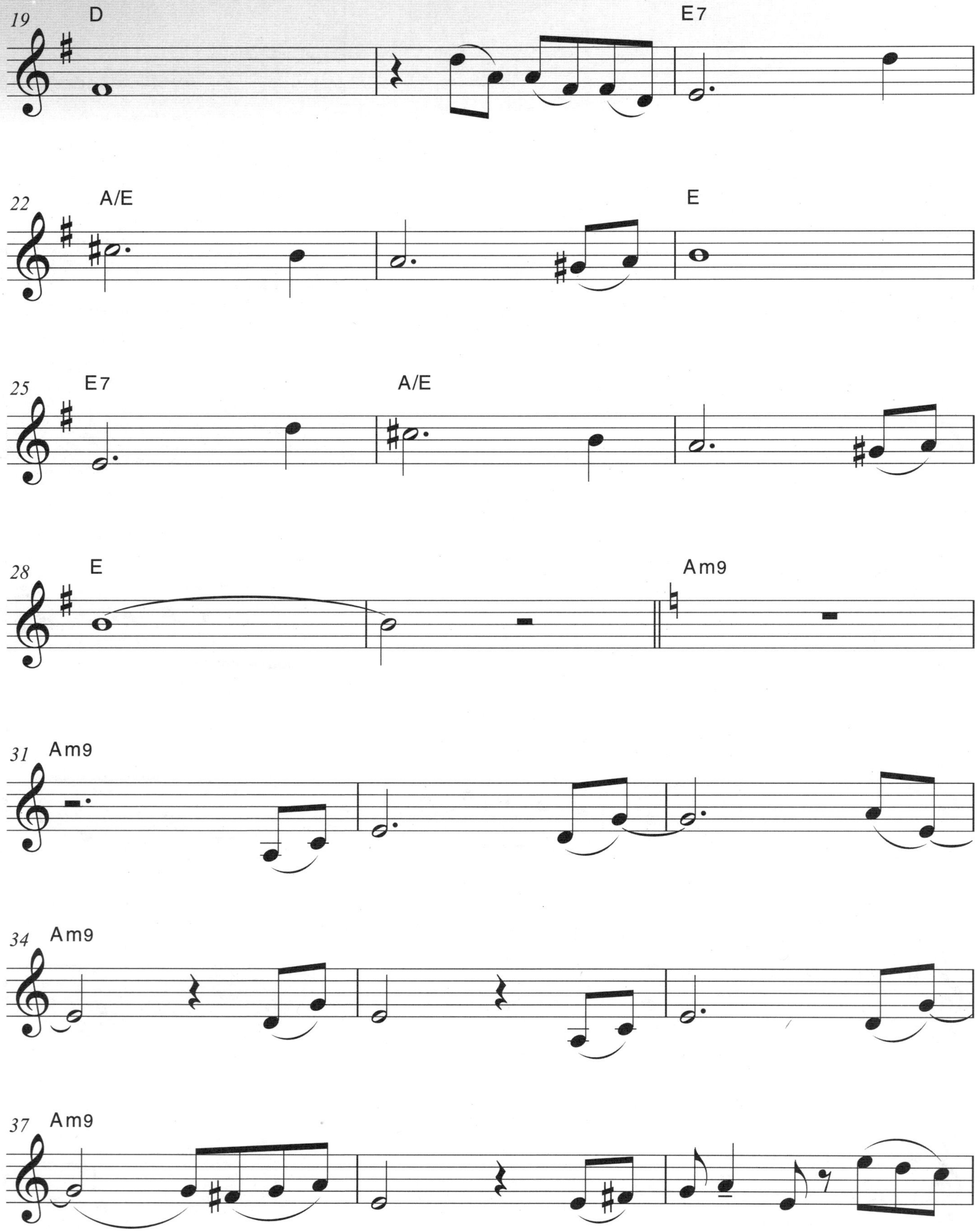
19 D
E7
22 A/E
E
25 E7
A/E
28 E
Am9
31 Am9
34 Am9
37 Am9

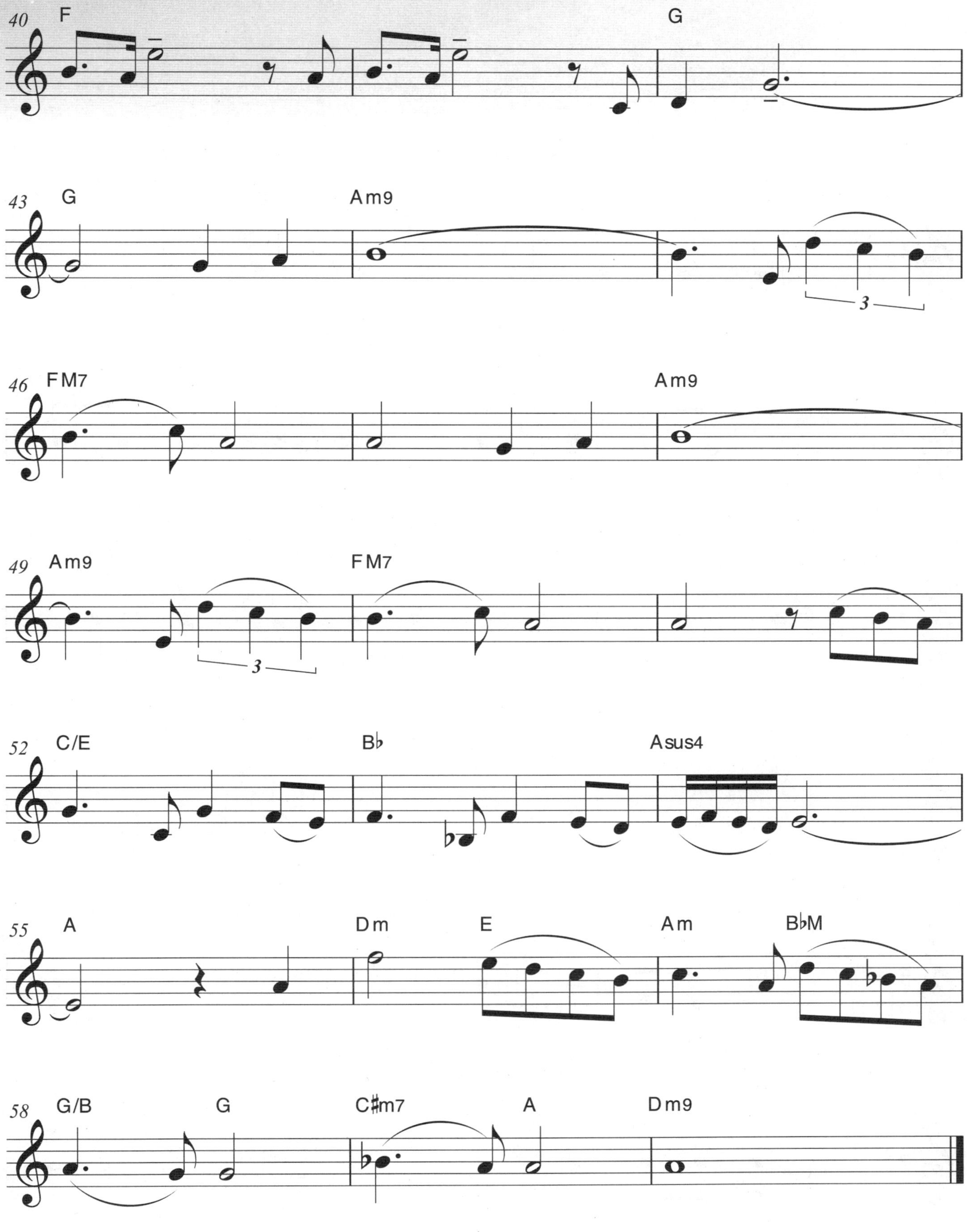
40 F
G
43 G
Am9
46 FM7
Am9
49 Am9
FM7
52 C/E
B♭
Asus4
55 A
Dm
E
Am
B♭M
58 G/B
G
C♯m7
A
Dm9

체리가 익어갈 무렵

붉은 돼지 OST
Antoine Renard 작곡

반주 음원

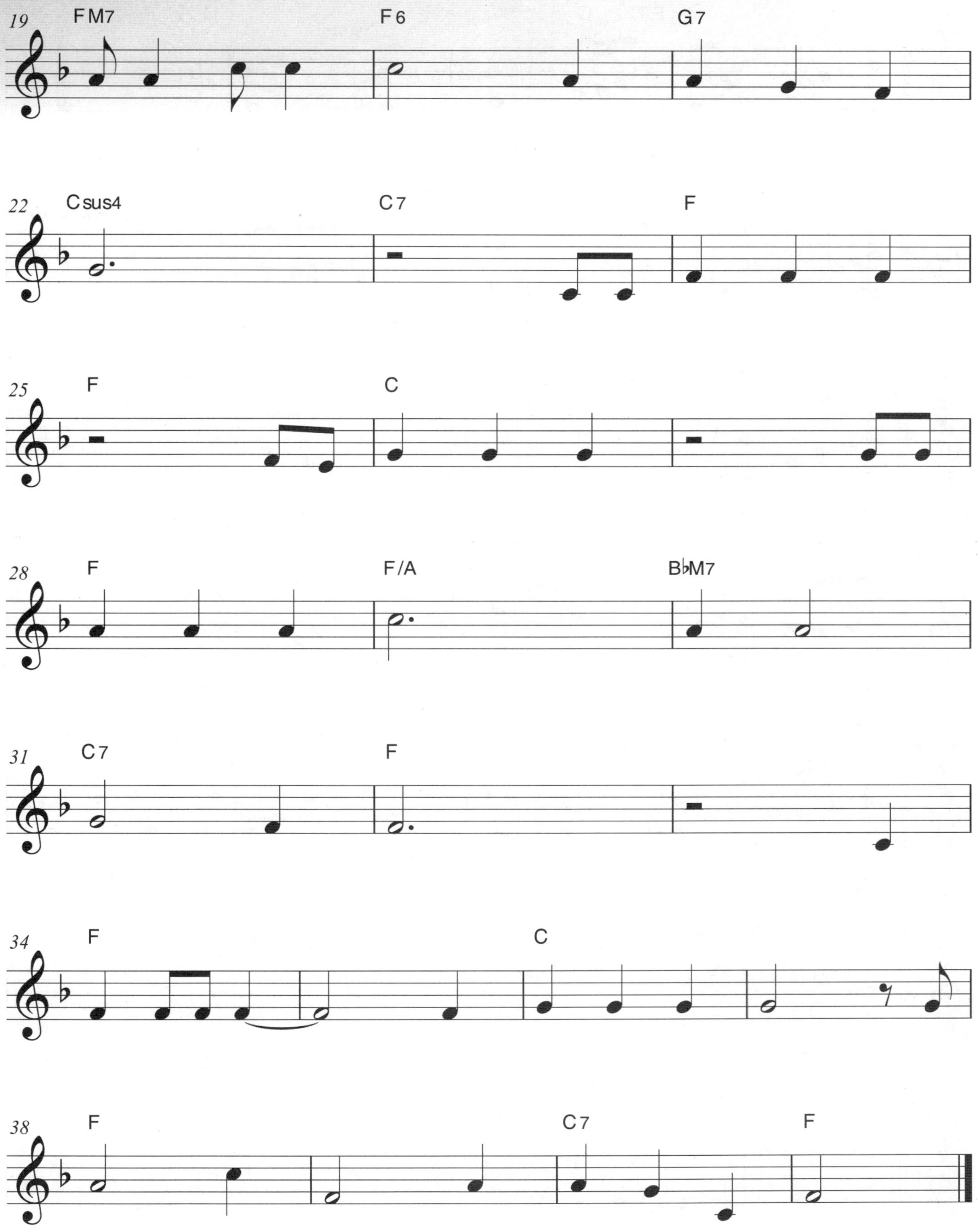
19 FM7 F6 G7
22 Csus4 C7 F
25 F C
28 F F/A B♭M7
31 C7 F
34 F C
38 F C7 F

하늘을 나는 사람

바람계곡의 나우시카 OST
Hisaishi Joe 작곡

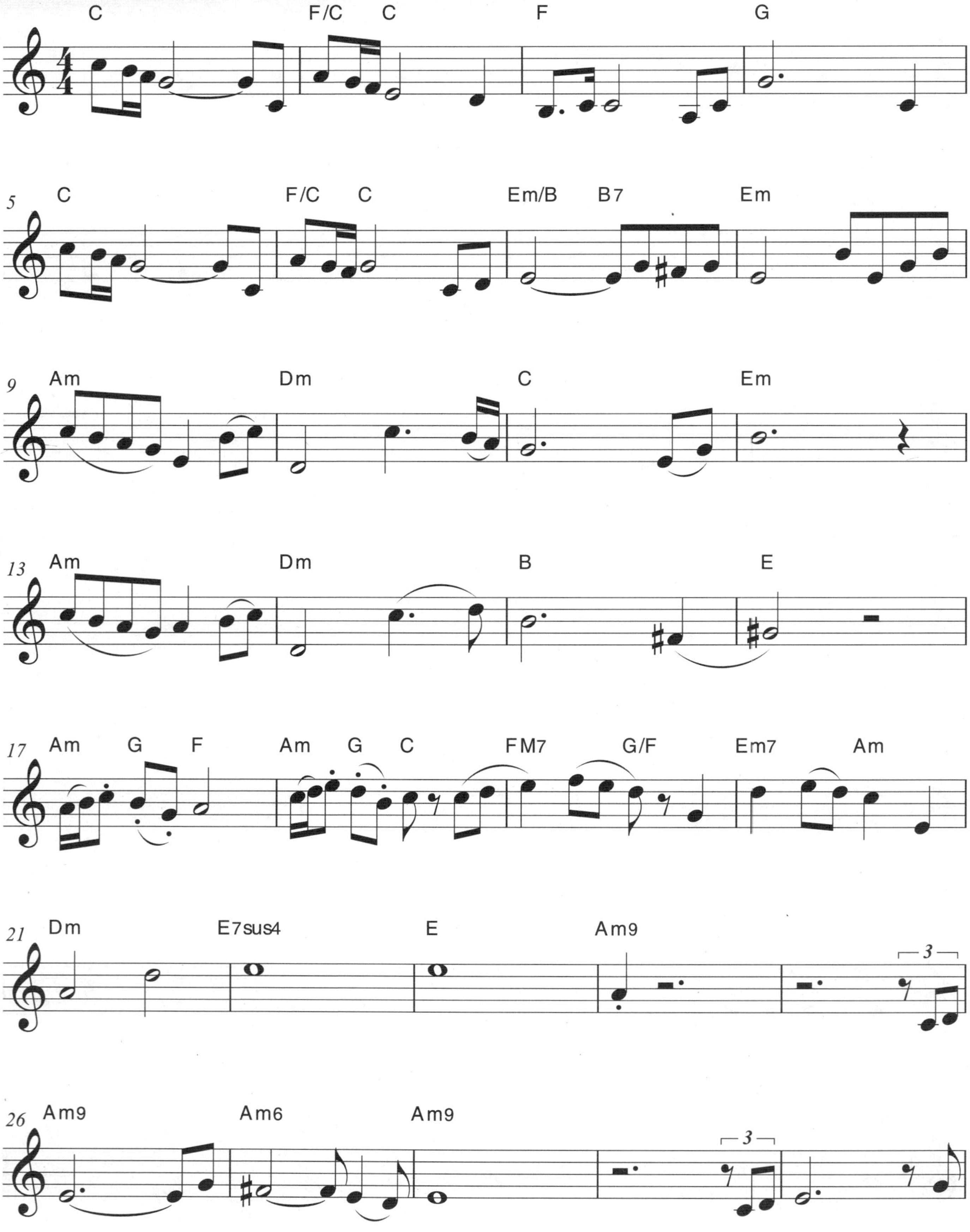

하루의 추억

고양이의 보은 OST

Nomi Yuji 작곡

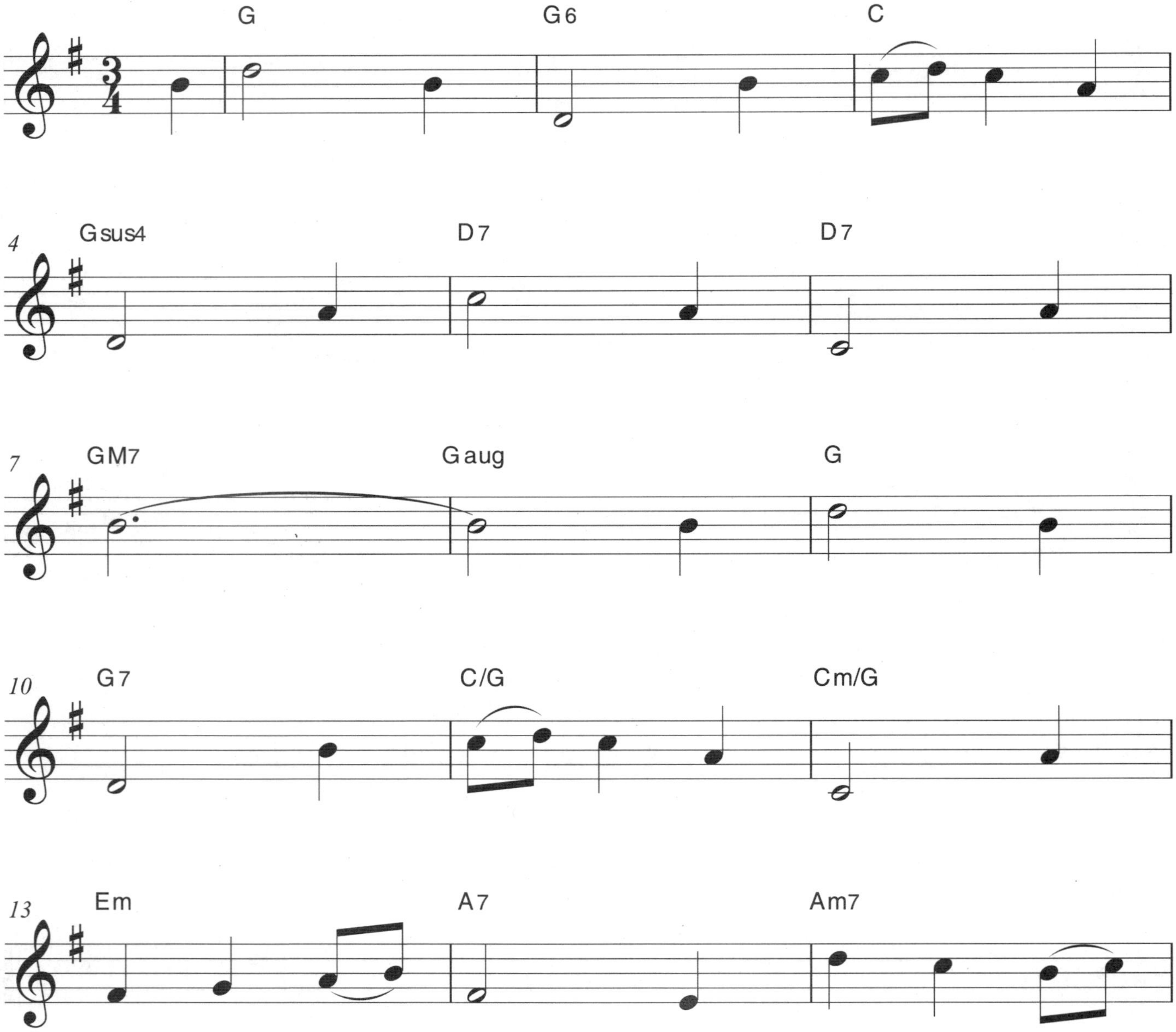

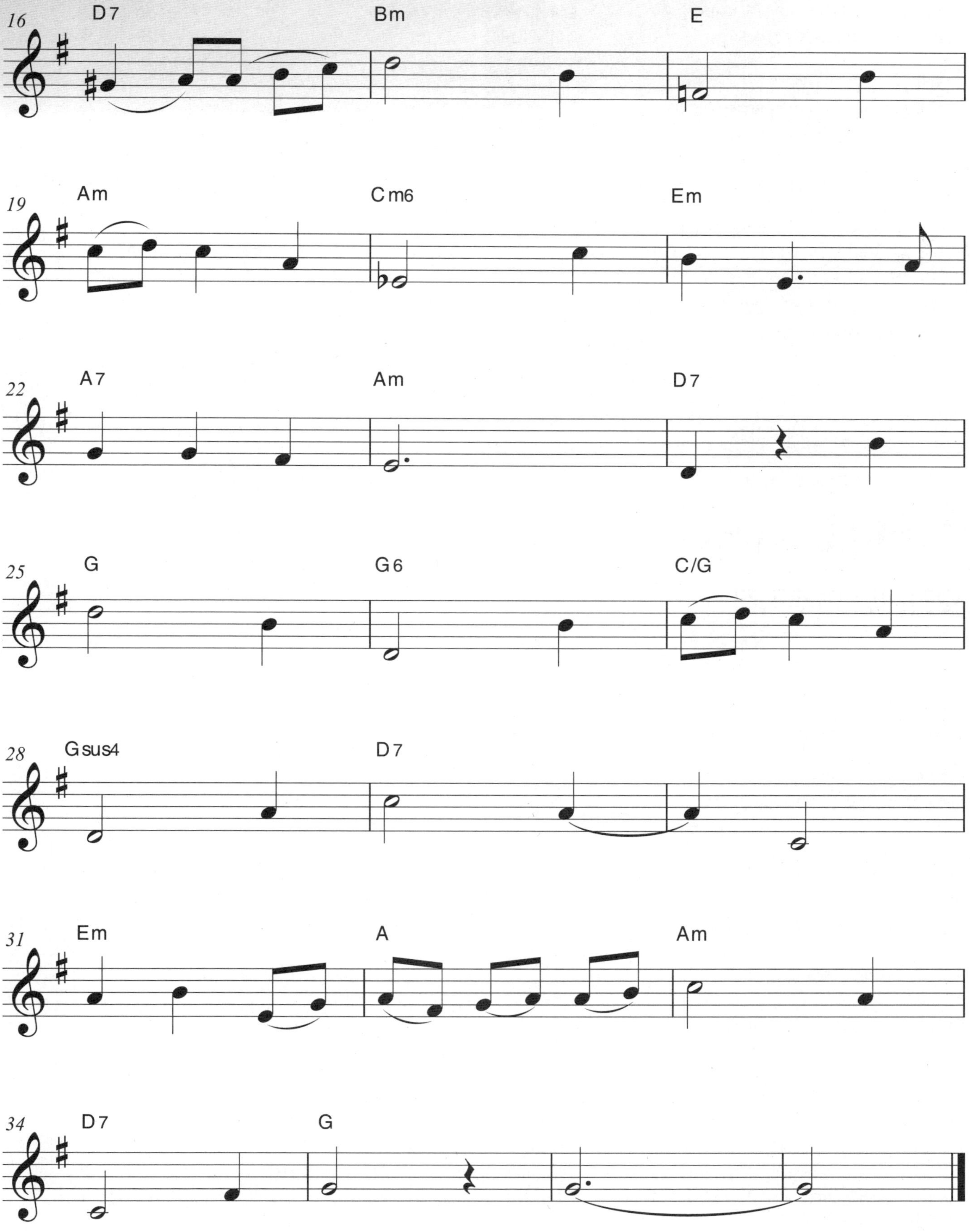
16
D7
Bm
E
19
Am
Cm6
Em
22
A7
Am
D7
25
G
G6
C/G
28
Gsus4
D7
31
Em
A
Am
34
D7
G

저자
윤문선

대진대학교 평생교육원 겸임교수
수도국제대학원 음악교육과 겸임교수
예술감성놀이터 대표
Italy Gaspare spontini 음악교육 박사과정
로뎀오카리나 앙상블 지도강사

저서
『악보를 몰라도 숫자만 알면 텅드럼』
『Enjoy 칼림바 앙상블 연주곡집 1』
『처음 만나는 11키 기초 텅드럼』
『혼자서도 연주하기 쉬운 스튜디오 지브리
　하모니카 연주곡집』
『혼자서도 연주하기 쉬운 스튜디오 지브리
　우쿨렐레연주곡집』

유튜브 채널 '윤쌤악기연주' 운영
인스타그램 @musictherapist81

저자
이희락

명지대학교 화학과 졸업
수도국제대학원 음악교육학과 재학중
로뎀 오카리나 객원 멤버
한국생활음악협회 수석교육이사
조이음악연구소

저자
현지희

국립원주대학교 피아노과 졸업
모두의문화사회적협동조합 이사
각 협회 지도자 양성교육 이사
생활음악악기 강사
한림대학교 평생교육원 출강
라비에벨 우쿨렐레앙상블 대표

혼자서도 연주하기 쉬운
스튜디오 지브리
오카리나 연주곡집

발행일 2024년 4월 5일
편저 윤문선, 이희락, 현지희

편집진행 황세빈 · **디자인** 김은경 · **사보** 전수아
마케팅 현석호, 신창식 · **관리** 남영애, 김명희

발행처 (주)태림스코어
발행인 정상우
출판등록 2012년 6월 7일 제 313-2012-196호
주소 서울시 은평구 증산로 9길 32 (03496)
전화 02)333-3705 · **팩스** 02)333-3748

ISBN 979-11-5780-385-9-13670